gorilas

Hembra de cercopiteco
mona y su cría

Molde de una mano
de orangután

Sección de un
modelo de gorila
hembra

Capuchino
pardo

Mono
ardilla

BIBLIOTECA VISUAL ALTEA

gorilas

Escrito por
IAN REDMOND

Fotografías de
PETER ANDERSON & GEOFF BRIGHTLING

Gorila lomo
plateado

ALTEA

Esqueleto de la
mano de un aye-aye

Macaco crestado
de Sulawesi

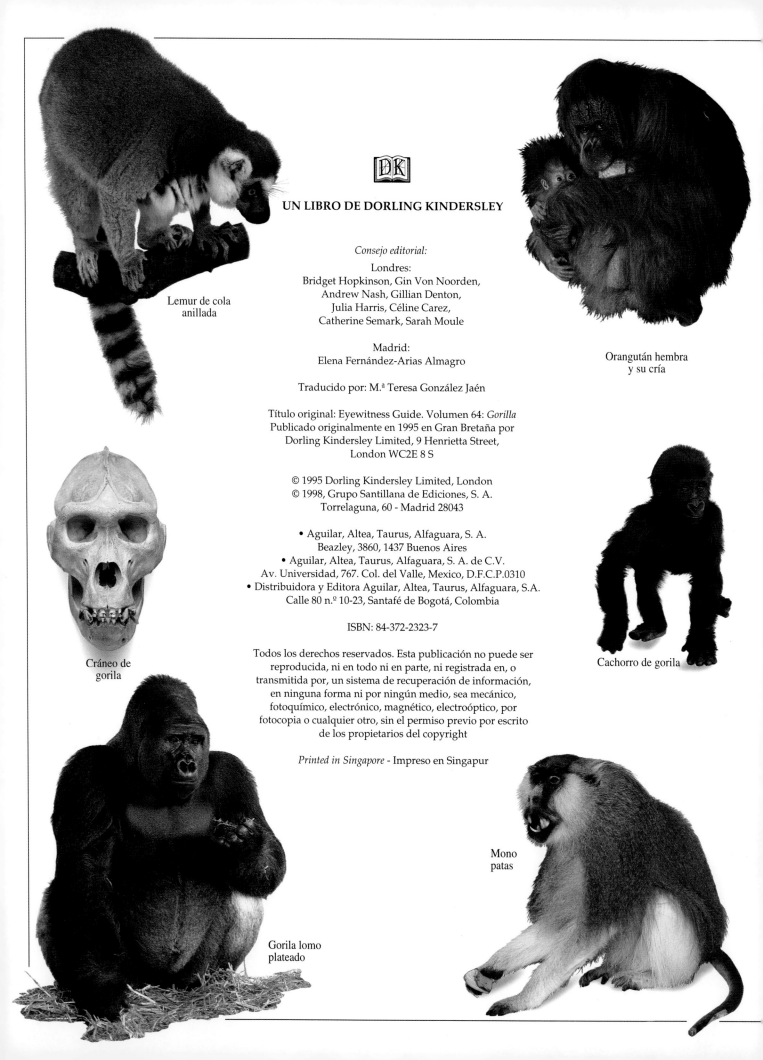

Lemur de cola
anillada

Orangután hembra
y su cría

UN LIBRO DE DORLING KINDERSLEY

Consejo editorial:

Londres:
Bridget Hopkinson, Gin Von Noorden,
Andrew Nash, Gillian Denton,
Julia Harris, Céline Carez,
Catherine Semark, Sarah Moule

Madrid:
Elena Fernández-Arias Almagro

Traducido por: M.ª Teresa González Jaén

Título original: Eyewitness Guide. Volumen 64: *Gorilla*
Publicado originalmente en 1995 en Gran Bretaña por
Dorling Kindersley Limited, 9 Henrietta Street,
London WC2E 8 S

© 1995 Dorling Kindersley Limited, London
© 1998, Grupo Santillana de Ediciones, S. A.
Torrelaguna, 60 - Madrid 28043

• Aguilar, Altea, Taurus, Alfaguara, S. A.
Beazley, 3860, 1437 Buenos Aires
• Aguilar, Altea, Taurus, Alfaguara, S. A. de C.V.
Av. Universidad, 767. Col. del Valle, Mexico, D.F.C.P.0310
• Distribuidora y Editora Aguilar, Altea, Taurus, Alfaguara, S.A.
Calle 80 n.º 10-23, Santafé de Bogotá, Colombia

ISBN: 84-372-2323-7

Printed in Singapore - Impreso en Singapur

Cráneo de
gorila

Cachorro de gorila

Gorila lomo
plateado

Mono
patas

Sumario

6
¿Qué son los primates?
8
Monos antropomorfos y humanos
10
Prosimios
12
Primates nocturnos
16
Monos del Nuevo Mundo
18
La vida en los árboles
20
El inteligente capuchino
22
Monos del Viejo Mundo
26
La vida en las llanuras
28
El versátil macaco
30
Los antropomorfos inferiores
32
Expertos comunicadores
34
En defensa propia
36
Los antropomorfos superiores
38
El gran mono asiático
40
Los guardabosques
42
El rey de los monos

44
La vida familiar del gorila
46
Los gorilas de montaña
50
El chimpancé
52
Un mono extrovertido
54
El gran ingeniero
56
El cuarto gran mono
58
Mitos sobre monos
60
Humanos y primates
62
Primates en peligro
64
Índice

Papión
sagrado

¿Qué son los primates?

Chimpancé

ES DIFÍCIL IMAGINAR que el poderoso gorila lomo plateado (pp. 42-43) es pariente del diminuto lemur ratón (p.10), pero ambos animales son primates. Estos pertenecen a un grupo diverso de mamíferos con más de 180 especies. Los primates se dividen en dos grandes grupos: los simios (monos, antropomorfos y humanos) y los prosimios (lemures, lorísidos y társidos). Todos los primates tienen muchas cosas en común. La mayoría vive en los árboles siempre o casi siempre y sus cuerpos están adaptados a ese modo de vida. Los primates tienen visión frontal, lo que les ayuda a calcular las distancias entre ramas, y unos dedos fuertes que se agarran con firmeza a las ramas. Pero la característica más notable es su inteligencia. Sus cerebros son grandes con relación a su tamaño corporal. Los primates son listos y aprenden con facilidad nuevas habilidades y, por ello, se consideran los más inteligentes del Reino Animal.

Cráneo grande

LA NARIZ POR DELANTE
Los primates más primitivos, como este lemur blanquinegro de collar (p.10), tiene un hocico largo de nariz húmeda. Su olfato desarrollado le ayuda a buscar comida, detecta las marcas olorosas territoriales y le avisa del peligro.

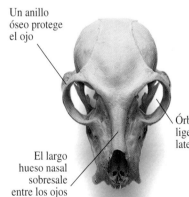

Un anillo óseo protege el ojo

Órbita ligeramente lateral

El largo hueso nasal sobresale entre los ojos

El hueso nasal plano no estorba a los ojos

La órbita mira al frente

OJOS EN ÓRBITA
Situados a ambos lados de su largo hocico, las órbitas miran un poco hacia los lados. Con ello su campo de visión es más amplio que el del gorila, pero sus ojos enfocan peor los objetos cercanos. Por ello, los lemures y otros prosimios confían más en su oído y olfato y suelen tener hocicos y orejas más grandes que los primates superiores.

Nariz pequeña

Diente canino superior

OJOS EFICACES
Los monos y los antropomorfos confían más en su vista que en su olfato. En el cráneo del gorila a la izquierda los ojos miran al frente para dar campos visuales solapantes que permiten enfocar un mismo objeto. Así consigue una excelente "visión estereoscópica" que le permite calcular la distancia y la profundidad con precisión. Los primates distinguen también los colores.

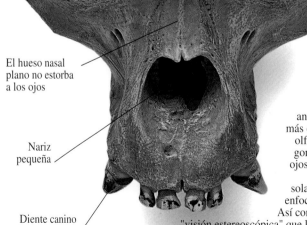

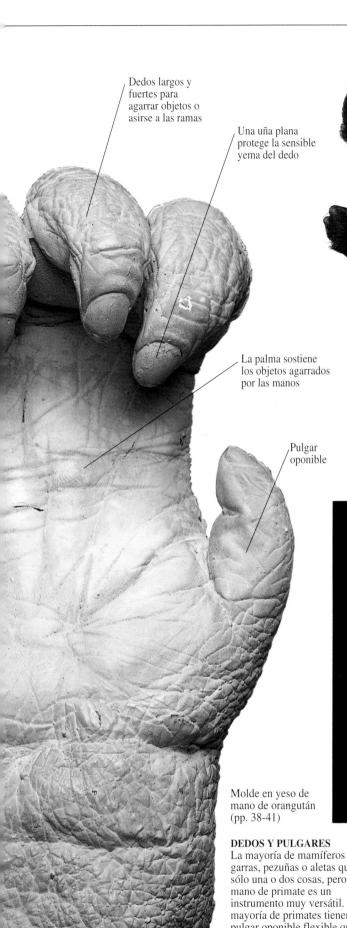

Dedos largos y fuertes para agarrar objetos o asirse a las ramas

Una uña plana protege la sensible yema del dedo

La palma sostiene los objetos agarrados por las manos

Pulgar oponible

Molde en yeso de mano de orangután (pp. 38-41)

Pulgar oponible en el pie

PIES
El pulgar oponible del pie del chimpancé (pp. 50-55) se parece y funciona como el de la mano. Puede separarse hasta formar un asa con la que el chimpancé se cuelga de las ramas con un solo pie.

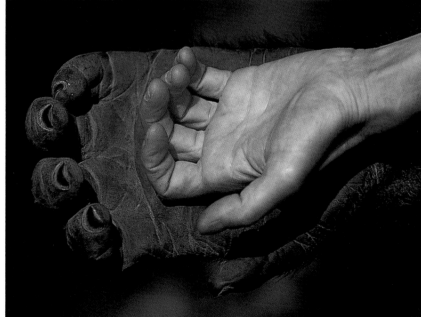

¿MANOS O PIES?
Los pies del chimpacé se parecen tanto a sus manos que en el siglo XIX los naturalistas llamaban a los monos y antropomorfos "cuadrumanos".

UN GIGANTE DELICADO
Aunque el gorila es el más fuerte de los monos antropomorfos, un macho adulto puede agarrar una uva sin aplastarla. Su pulgar oponible forma una pinza precisa y delicada con su dedo índice y puede controlar la presión que necesita. Las yemas de sus dedos, como en otros primates, son sensibles a la presión y la temperatura y se protegen por uñas planas en lugar de garras.

DEDOS Y PULGARES
La mayoría de mamíferos tienen garras, pezuñas o aletas que hacen sólo una o dos cosas, pero una mano de primate es un instrumento muy versátil. La mayoría de primates tienen un pulgar oponible flexible que puede enfrentarse con los otros dedos para agarrar objetos y herramientas con precisión. El pulgar puede también separarse para agarrar grandes ramas.

LA MANO EN LA MANO
El parecido entre la mano humana y la del gorila es sorprendente. Sólo hay pequeñas diferencias en la forma porque se usan para tareas distintas. El gorila no sólo usa las manos para agarrar objetos sino que se apoya en los nudillos para caminar (p. 8), por eso sus dedos son gruesos y recios para soportar el peso de su torso. La mano humana está diseñada para manejar utensilios, por eso sus dedos son más delicados y el pulgar oponible más largo.

Monos antropomorfos y humanos

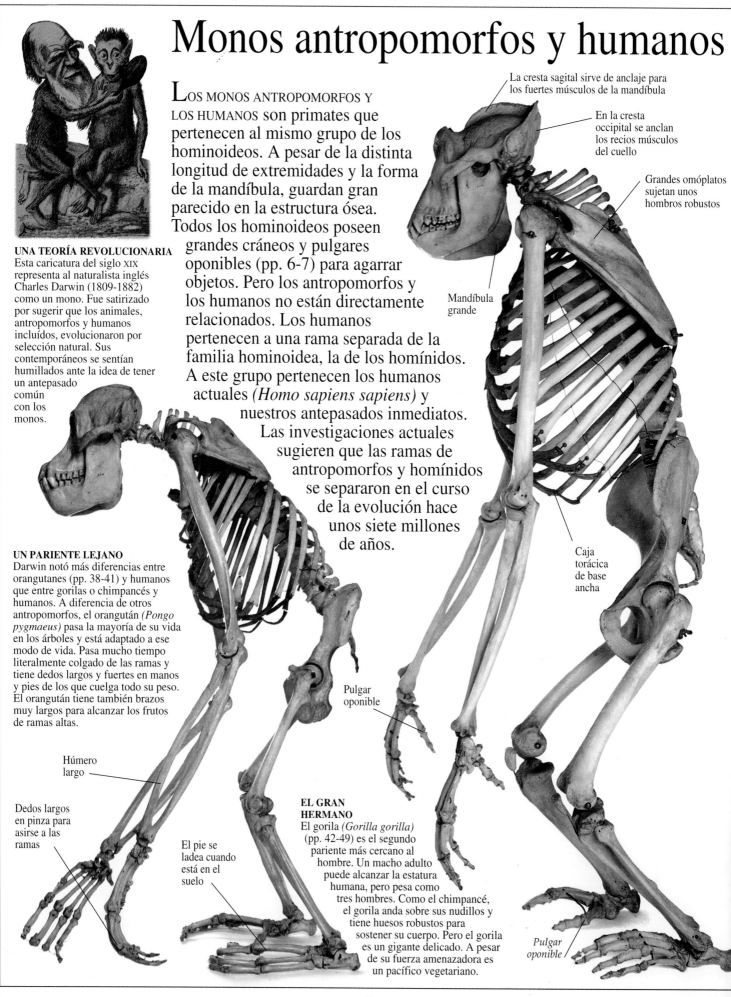

LOS MONOS ANTROPOMORFOS Y LOS HUMANOS son primates que pertenecen al mismo grupo de los hominoideos. A pesar de la distinta longitud de extremidades y la forma de la mandíbula, guardan gran parecido en la estructura ósea. Todos los hominoideos poseen grandes cráneos y pulgares oponibles (pp. 6-7) para agarrar objetos. Pero los antropomorfos y los humanos no están directamente relacionados. Los humanos pertenecen a una rama separada de la familia hominoidea, la de los homínidos. A este grupo pertenecen los humanos actuales *(Homo sapiens sapiens)* y nuestros antepasados inmediatos. Las investigaciones actuales sugieren que las ramas de antropomorfos y homínidos se separaron en el curso de la evolución hace unos siete millones de años.

UNA TEORÍA REVOLUCIONARIA
Esta caricatura del siglo XIX representa al naturalista inglés Charles Darwin (1809-1882) como un mono. Fue satirizado por sugerir que los animales, antropomorfos y humanos incluídos, evolucionaron por selección natural. Sus contemporáneos se sentían humillados ante la idea de tener un antepasado común con los monos.

UN PARIENTE LEJANO
Darwin notó más diferencias entre orangutanes (pp. 38-41) y humanos que entre gorilas o chimpancés y humanos. A diferencia de otros antropomorfos, el orangután *(Pongo pygmaeus)* pasa la mayoría de su vida en los árboles y está adaptado a ese modo de vida. Pasa mucho tiempo literalmente colgado de las ramas y tiene dedos largos y fuertes en manos y pies de los que cuelga todo su peso. El orangután tiene también brazos muy largos para alcanzar los frutos de ramas altas.

Húmero largo

Dedos largos en pinza para asirse a las ramas

El pie se ladea cuando está en el suelo

EL GRAN HERMANO
El gorila *(Gorilla gorilla)* (pp. 42-49) es el segundo pariente más cercano al hombre. Un macho adulto puede alcanzar la estatura humana, pero pesa como tres hombres. Como el chimpancé, el gorila anda sobre sus nudillos y tiene huesos robustos para sostener su cuerpo. Pero el gorila es un gigante delicado. A pesar de su fuerza amenazadora es un pacífico vegetariano.

La cresta sagital sirve de anclaje para los fuertes músculos de la mandíbula

En la cresta occipital se anclan los recios músculos del cuello

Grandes omóplatos sujetan unos hombros robustos

Mandíbula grande

Caja torácica de base ancha

Pulgar oponible

Pulgar oponible

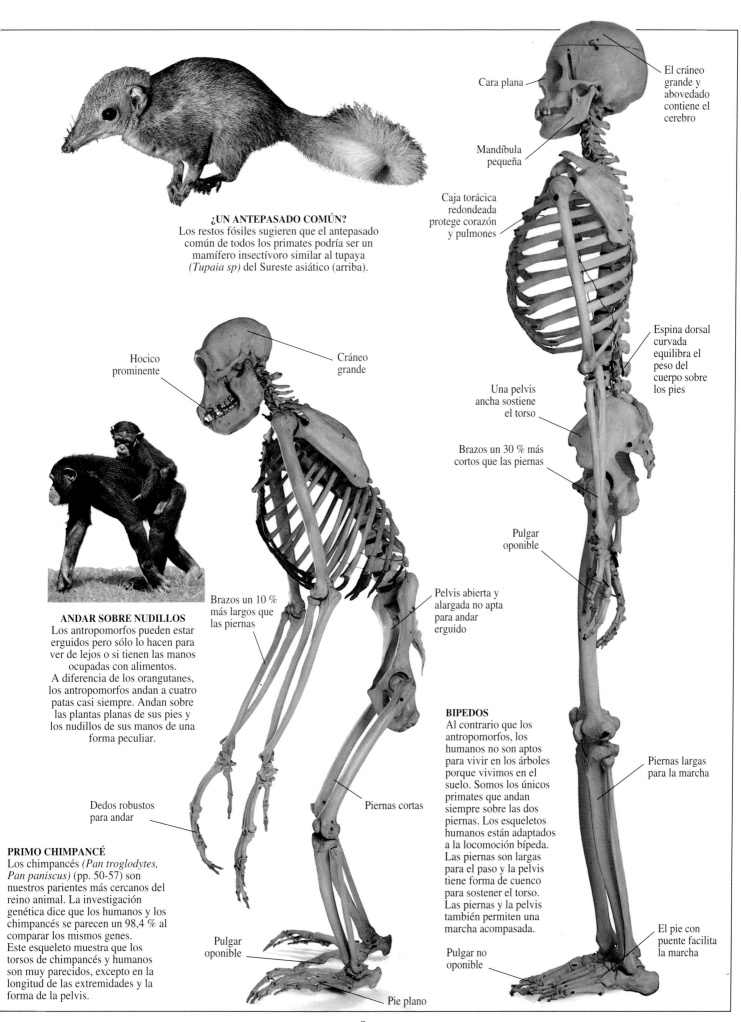

¿UN ANTEPASADO COMÚN?
Los restos fósiles sugieren que el antepasado común de todos los primates podría ser un mamífero insectívoro similar al tupaya *(Tupaia sp)* del Sureste asiático (arriba).

Cara plana

El cráneo grande y abovedado contiene el cerebro

Mandíbula pequeña

Caja torácica redondeada protege corazón y pulmones

Espina dorsal curvada equilibra el peso del cuerpo sobre los pies

Una pelvis ancha sostiene el torso

Brazos un 30 % más cortos que las piernas

Pulgar oponible

Hocico prominente

Cráneo grande

ANDAR SOBRE NUDILLOS
Los antropomorfos pueden estar erguidos pero sólo lo hacen para ver de lejos o si tienen las manos ocupadas con alimentos.
A diferencia de los orangutanes, los antropomorfos andan a cuatro patas casi siempre. Andan sobre las plantas planas de sus pies y los nudillos de sus manos de una forma peculiar.

Brazos un 10 % más largos que las piernas

Pelvis abierta y alargada no apta para andar erguido

Piernas cortas

Dedos robustos para andar

BIPEDOS
Al contrario que los antropomorfos, los humanos no son aptos para vivir en los árboles porque vivimos en el suelo. Somos los únicos primates que andan siempre sobre las dos piernas. Los esqueletos humanos están adaptados a la locomoción bípeda. Las piernas son largas para el paso y la pelvis tiene forma de cuenco para sostener el torso. Las piernas y la pelvis también permiten una marcha acompasada.

Piernas largas para la marcha

PRIMO CHIMPANCÉ
Los chimpancés *(Pan troglodytes, Pan paniscus)* (pp. 50-57) son nuestros parientes más cercanos del reino animal. La investigación genética dice que los humanos y los chimpancés se parecen un 98,4 % al comparar los mismos genes. Este esqueleto muestra que los torsos de chimpancé y humanos son muy parecidos, excepto en la longitud de las extremidades y la forma de la pelvis.

Pulgar oponible

El pie con puente facilita la marcha

Pulgar no oponible

Pie plano

Prosimios

LOS LEMURES, GÁLAGOS, LORÍSIDOS, potos y társidos (pp. 12-13) son primates primitivos o prosimios. Sus huesos se parecen a los primeros primates que evolucionaron, probablemente arborícolas similares a los actuales tupayas (p.9). Aunque los prosimios tienen cerebros más pequeños que los monos y los antropomorfos, están bien adaptados a sus nichos ecológicos. Los lemures sólo habitan en la isla de Madagascar en el océano Índico, donde tienen diversos hábitos alimenticios. Muchos comen frutas y hojas , pero el lemur manso *(Hapalemur sp.)* come sobre todo bambú y el lemur mangosta vive del néctar. El lemur más raro es el aye-aye, que come, como un pájaro carpintero, larvas de la corteza de los árboles.

RUFIANES RUIDOSOS
Los lemures de collar blanquinegros *(Varecia variegata)* tienen unas voces altísimas, los grupos se oyen unos a otros desde más de un kilómetro de distancia. Como todos los lemures son excelentes escaladores. Corren sobre ramas robustas equilibrándose con sus largas colas.

LOS "MONOS" MALGACHES
El lemur de cola anillada *(Lemur catta)* es una de las 23 especies de lemur en Madagascar. Los primeros lemures llegaron a la isla hace unos 50 millones de años, pero no se sabe cómo llegaron. Quizá llegaran colgados de ramas de árboles caídos flotando en el mar. Con pocos competidores a su llegada, se extendieron por toda la isla ocupando diversos nichos ecológicos.

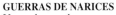

GUERRAS DE NARICES
Una cola rayada es un accesorio útil en la lucha. Cuando se eleva, avisa de la presencia de un macho a sus enemigos. Además de las señales visuales le sirve para enviar intensas señales olorosas. Los lemures de cola anillada se frotan la cola con sustancias olorosas de glándulas en sus brazos. Cuando se enfrentan dos rivales, ondean sus colas en el aire, en un duelo de olores, conocido como la "pelea maloliente".

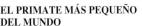

EL PRIMATE MÁS PEQUEÑO DEL MUNDO
El lemur ratón *(Microcebus murinus)* es tan pequeño que puede sentarse en un pulgar humano, un adulto puede pesar entre 45-90 g.
Se mueve velozmente entre las ramas buscando bayas e insectos como harían los primates primitivos hace millones de años.

El dedo corazón está modificado para capturar larvas

AXILAS OLOROSAS

Los lemures se distinguen por su extraordinario olfato. Entre el codo y la muñeca tienen una glándula especial, similar a las humanas de las axilas. Igual que los perros van marcando las farolas, los lemures dejan rastros olorosos sobre las ramas, una forma de pasar información a los otros lemures. Este lemur de cola anillada frota su antebrazo contra la rama para dejar su rastro.

DEDO RECOLECTOR

Como no existen pájaros carpinteros en Madagascar, las larvas de los escarabajos tienen pocos predadores. El aye-aye se ha especializado en alimentarse de ellas y con su dedo corazón largo y afilado, que se curva en una garra, hurga en los túneles que excavan las larvas en la madera.

Sus grandes orejas captan los sonidos del bosque

Incisivos afilados para horadar la madera

Su largo hocico y nariz húmeda delatan un olfato muy desarrollado

DIENTES CINCEL

Los aye-ayes escuchan el murmullo de las larvas perforando la madera dentro de las ramas o los árboles muertos y clavan sus robustos incisivos en la madera. Pescan las larvas con su largo dedo corazón y las comen. Los incisivos del aye-aye siguen creciendo a lo largo de su vida para compensar el desgaste.

LA VIDA EN GRUPO

Los lemures de cola anillada son muy sociables y viven en grupos de hasta 30 miembros. Nada les gusta más que empezar el día retozando unos con otros y comer las flores de una planta de ágave.

Con su larga cola dispersan el olor en el aire

¿AYE-AYE?

El aye-aye *(Daubentonia madagascariensis)* es el lemur de aspecto más peculiar. Tiene un pelaje denso marrón oscuro, orejas grandes y nariz puntiaguda. Escasea en Madagascar, debido en parte a las supersticiones que sobre él existen entre sus habitantes. Se cree que quien ve a un aye-aye y no lo mata, ocasionará la muerte de alguien en su pueblo.

LEMURES SALTARINES

El lemur más grande, el"tratratratra", tenía el tamaño del orangután (pp. 38-41) y se extinguió por acción humana hace unos siglos. El lemur más grande que aún vive en Madagascar es el indri *(Indri indri)* (derecha). Su nombre significa literalmente "Ahí está", en el idioma nativo. El indri salta de árbol en árbol con sorprendentes y gráciles saltos. Las marcas blancas y negras de su piel rompen la silueta del animal y le camuflan entre los árboles.

Primates nocturnos

En la oscuridad de las noches africanas, el sereno zumbido de los insectos puede alterarse por un grito extraño, como de un niño. Es la llamada del gálago, un pequeño primate nocturno. Los gálagos tienen orejas sensibles y móviles que detectan insectos en movimiento y ojos grandes que ven a sus presas a la luz de la luna o las estrellas. Son muy ágiles, se mueven con rapidez y saltan de rama en rama. En el lado opuesto de la escala de velocidad, pero emparentados con los gálagos, están los loris, potos y el anguantibo *(Arctocebus calabarensis)*. Estos primates lentos y singulares son también nocturnos y se arrastran por el bosque a la búsqueda de frutas o seres lo suficientemente lentos como para dejarse capturar. No hay gálagos en Asia, donde sí hay un primate nocturno de gran rapidez: el tarsero. Con sus enormes ojos, las tres especies de tarseros o társidos se asemejan a gremlins diminutos. En una de ellas, ¡un solo ojo pesa más que su cerebro!

EL PRIMATE BUHO
A pesar de sus grandes y llamativos ojos y su cara delicada, los tarseros son predadores eficaces y despiadados. Cazan por la noche y se abaten silenciosamente sobre insectos grandes, pájaros de nido e incluso serpientes venenosas. Matan a la presa con sus dientes afilados y dan cuenta de cada bocado meticulosamente.

SIN PRISAS
El elegante loris grácil *(Loris tardigradus)* se desliza por los árboles agarrándose a las ramas con manos y pies. Se alimenta de orugas lentas, escarabajos y miriápodos que los insectívoros más rápidos dejaron atrás.

El dedo índice es sólo un muñón

UN SALTO EN LA NOCHE
Este tarsero espectral *(Tarsius spectrum)* fantasmagórico y nocturno es sólo del tamaño de una ardilla y es capaz de saltar hasta 6 m en el aire. Pasa la mayor parte de su vida suspendido o saltando entre tallos verticales. Usa la cola como apoyo y puede incluso dormir colgado de ramas verticales.

Pulgar agrandado

DEDOS EN PINZA
En este modelo en yeso de una mano de poto *(Perodicticus potto)* se ve el pulgar musculoso situado a 180° enfrente de los otros dedos. La mano funciona como una pinza que se agarra con fuerza a las ramas y arbolillos.

La mano en pinza se cierra firmemente alrededor de las ramas

Cráneo
abombado

El arco postorbital
protege lateralmente
los ojos

TODO OJOS
La característica principal de
la cara de un loris son sus
ojos. Unas órbitas enormes
en el cráneo están
protegidas por un anillo
óseo grueso

CENA CRUJIENTE
Este gálago del Senegal
(*Galago senegalensis*) come
una mantis religiosa. Después
de haber pasado el día
durmiendo, se prepara para la
caza en cuanto oscurece. Sus
grandes orejas móviles son
sensibles a los sonidos de los
insectos, escorpiones, arañas,
lagartos o pájaros nidificantes.
También come fruta caída,
pétalos, néctar y la savia de
algunos árboles.

Sus orejas grandes y
móviles perciben el
movimiento de la presa

Ojos enormes para una
aguda visión nocturna

SEÑALES PERFUMADAS
Las robustas patas de este
gran gálago de cola gruesa
(*Galago crassicaudatus*)
sugieren que da saltos
verticales y se cuelga como
un társido. Pero los científicos
descubrieron que se mueven de
modo distinto según la especie:
algunos gatean mientras que otros
apenas saltan. Pero todos se mueven
por su territorio anunciando su presencia
por medio del olor de manos y pies
impregnados con su propia orina. Así, cada
huella de sus pies o manos deja un oloroso
mensaje que dice "yo estuve aquí".

Patas largas y
robustas para
asirse y saltar de
rama en rama

Mano protegida
por almohadillas
en la palma

Brazos relativamente
cortos, con manos
que agarran su presa

PALPAR EL CAMINO
Titís como éste tití de collar sedoso (*Callithrix humeralifer*) tienen bigotes largos en sus muñecas y tobillos para sentir mejor las ramas.

Titís y tamarinos

Con el pelo estilo punk y sus colores llamativos, los titís y tamarinos son de los primates más hermosos. Son rápidos y ligeros y viven en las pluvisilvas de Suramérica. Su pequeño tamaño les permite lanzarse entre los árboles capturando insectos y animalillos como lagartos, ranas y caracoles.

Los titís tienen otra fuente insólita de comida: clava sus incisivos en forma de cincel en la corteza y chupa la savia densa dejando unos orificios ovales en las ramas. La tala de zonas extensas de pluvisilva y las granjas de ganado suponen para ellos una seria amenaza de extinción.

UN LEÓN AFORTUNADO
El tamarino león dorado (*Leontopithecus rosalia*) está en peligro de extinción, pero se cría bien en cautividad. Muchos de ellos criados en zoológicos se han devuelto a las selvas costeras del este de Brasil, su hábitat original.

SALTO VITAL
Este tamarino marrón (*Saguinus fuscicollis*) tiene unos 30 cm y una cola del mismo tamaño. Como todos los titís y tamarinos, su pequeño tamaño los hace víctima fácil para las aves de presa de vista aguda. Su mejor defensa son sus saltos, ayudados por su cola que usa como timón. El tamarino marrón busca su comida en grupos junto con el tamarino emperador (*Saguinus imperator*), así se aumenta la vigilancia en caso de peligro.

El tamarino asea su cola sujetanto la punta con una mano y rascándola con las uñas de la otra

Se distingue fácilmente al tamarino en el follaje de la selva por su larga cresta blanca

Con su nariz sensible percibe frutas jugosas e insectos

Uñas afiladas para rascar

Dedos largos para aferrarse a las ramas

CABEZAS DE ALGODÓN
Los tamarinos algodonosos o pinchés comunes (*Saguinus oedipus*) tienen un aspecto singular. Son muy buscados como mascotas, por lo que están desapareciendo de sus selvas colombianas de origen. Viven en grupos familiares de hasta 15 individuos. Son muy afectivos y pasan mucho tiempo aseándose mutuamente.

OJO AVIZOR
Los titís y tamarinos andan a cuatro patas, corriendo y saltando de rama en rama. Si quieren una mejor vista, se yerguen simplemente sobre sus patas posteriores, como este tamarino de manos rojas (*Saguinus midas*).

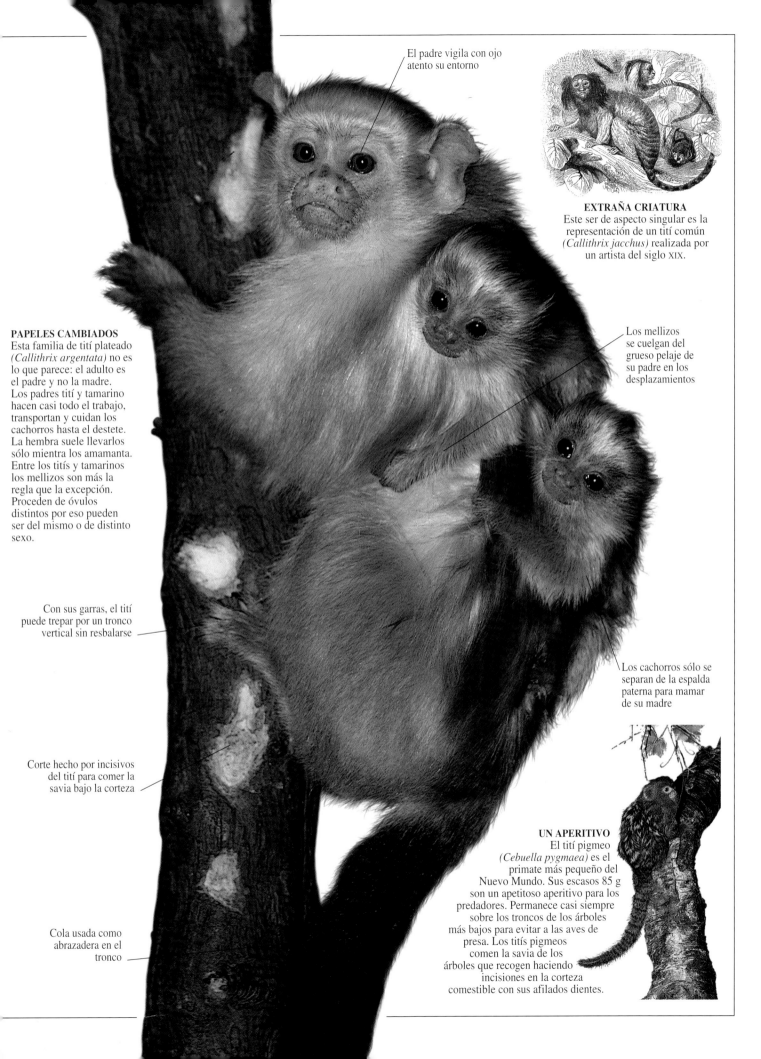

El padre vigila con ojo atento su entorno

EXTRAÑA CRIATURA
Este ser de aspecto singular es la representación de un tití común (*Callithrix jacchus*) realizada por un artista del siglo XIX.

Los mellizos se cuelgan del grueso pelaje de su padre en los desplazamientos

PAPELES CAMBIADOS
Esta familia de tití plateado (*Callithrix argentata*) no es lo que parece: el adulto es el padre y no la madre. Los padres tití y tamarino hacen casi todo el trabajo, transportan y cuidan los cachorros hasta el destete. La hembra suele llevarlos sólo mientra los amamanta. Entre los titís y tamarinos los mellizos son más la regla que la excepción. Proceden de óvulos distintos por eso pueden ser del mismo o de distinto sexo.

Con sus garras, el tití puede trepar por un tronco vertical sin resbalarse

Corte hecho por incisivos del tití para comer la savia bajo la corteza

Los cachorros sólo se separan de la espalda paterna para mamar de su madre

UN APERITIVO
El tití pigmeo (*Cebuella pygmaea*) es el primate más pequeño del Nuevo Mundo. Sus escasos 85 g son un apetitoso aperitivo para los predadores. Permanece casi siempre sobre los troncos de los árboles más bajos para evitar a las aves de presa. Los titís pigmeos comen la savia de los árboles que recogen haciendo incisiones en la corteza comestible con sus afilados dientes.

Cola usada como abrazadera en el tronco

Monos del Nuevo Mundo

LOS MONOS DEL NUEVO MUNDO viven en las selvas exuberantes de América Central y del Sur. A diferencia de sus parientes del Viejo Mundo (pp. 22-24) son totalmente arborícolas y están bien adaptados a ello. Muchos, como los monos capuchinos, aulladores, araña y lanudos, tienen colas total o parcialmente prensiles (pp. 18-19) que se enrollan en las ramas como una extremidad más. Otros, como los saqui y uacarís, son muy hábiles saltando, en cambio los sahuís tienen pies fuertes como garfios y los diminutos monos ardilla que se escabullen entre las ramas más pequeñas. Al contrario que los monos del Viejo Mundo, sus narinas son anchas y laterales y carecen de almohadillas en sus nalgas.

HÁBITATS DEL NUEVO MUNDO
Los monos colonizaron probablemente Suramérica hace más de 40 millones de años, cuando estaba más cerca de Africa. Se han extendido hasta el Sur de México en Centroamérica.

Manchas blancas de la cara visibles con luz de luna

Ojos grandes para ver en la noche

Agachado, postura típica de los monos del Nuevo Mundo sin almohadillas en las nalgas.

MONO NOCTÍVAGO
El mono más insólito del Nuevo Mundo es el miriquiná *(Aotus trivirgatus)*, o mono de noche, el único mono nocturno del mundo. Por el día duerme en huecos de árboles o entre la espesa vegetación, pero al caer la noche aparece buscando frutas, hojas e insectos. Los machos gritan a la luz de la luna para señalar su territorio y encontrar a su compañera. Como los titís forma parejas monógamas y el padre es quien más cuida de la prole.

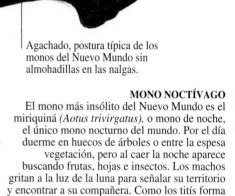

La cola larga y peluda actúa de contrapeso

VIAJERO DE LAS ALTURAS
El saqui barbanegra marcha siempre por los árboles a cuatro patas dando grandes saltos al final de las ramas

Narinas anchas y laterales típicas de monos del Nuevo Mundo

Uacarí calvo *(Cacajao calvus)*

AMENAZA OCULTA
Las serpientes son una amenaza constante para los monos arborícolas. En Suramérica habitan dos de las especies de mayor tamaño del mundo: boa constrictor (arriba) y anaconda. La anaconda acuática suele cazar los monos que se acercan demasiado al río, aunque puede también trepar a los árboles. La boa acecha constantemente en la copa de los árboles esperando atrapar su presa con sus anillos mortales.

UNA BARBA ESPESA
Es saqui barbanegra *(Chiropotes satanas)* habita en lo alto del dosel vegetal de la pluvisilva y se alimenta sobre todo de semillas, algo de fruta e insectos. Su barba espesa esconde una mandíbula robusta con incisivos especiales que parten las cáscaras duras de las frutas y las nueces. A su apariencia sombría y afligida debe otro de sus nombres: mono de satanás.

SALTARÍN CARIRROJO
Aunque carecen de colas largas para colgarse o agarrarse, los uacarís de la cuenca amazónica son expertos trepadores de árboles. Son de los mejores saltadores y suelen balancearse en las ramas o colgarse de sus pies para alimentarse de fruta. A pesar del aspecto fiero de sus caras rojas, son monos tímidos y pacíficos.

Ramas marcadas por un rastro oloroso producido por la piel del mono

Cola flexible enrollada en la rama para sostenerse

ARDILLA ESCURRIDIZA
El mono ardilla común *(Saimiri sciureus)* vive en casi todas las pluvisilvas suramericanas. Estos monos ligeros y avispados se escabullen entre los árboles como ardillas siguiendo las sendas marcadas por rastros olorosos conocidos en el estrato arbóreo. Viven y viajan en grandes grupos de hasta 200 miembros. Suelen acompañarse de capuchinos pardos (pp.20-21), con lo que ambas especies ganan en protección debido al gran número de individuos que alcanzan.

ENVUELTOS
Cuando los monos ardilla se sientan, se envuelven en sus largas y flexible colas pasándoselas por los hombros

Dedos rápidos para capturar insectos

El ágil mono araña realiza acrobacias increíbles en el estrato arbóreo de la selva

Cola usada como ancla

Sahuí de manos blancas *(Callicebus torquatus)*

Manos y pies muy robustos para agarrarse

El sahuí suele enlazar su cola con la de su pareja

EL SAHUÍ
Los sahuís son monos pequeños y ruidosos que comen fruta e insectos. Los machos y hembras forman parejas de por vida y viven en pequeños grupos familiares con su prole. El padre es el responsable principal de los cachorros hasta su adolescencia.

BUEN EQUILIBRIO
Los pequeños monos ardilla son tan ligeros que pueden subir por ramitas que romperían monos más grandes. Así pueden llegar a frutas sabrosas y flores inalcanzables para otros monos. Son omnívoros con una dieta mixta vegetal y animal. Pasan muchas horas recogiendo fruta por el dosel vegetal aunque su comida preferida son los insectos.

17

La vida en los árboles

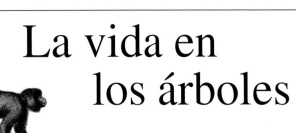

COLA EN CLAVE MUSICAL
Este grabado del siglo XIX de un mono lanudo es engañoso. Su cola prensil rara vez se curva en el aire, sino que suele enrollarse en la rama más cercana.

EN LAS SELVAS DEL NUEVO MUNDO hay 17 especies de monos con cola prensil, un rasgo utilísimo si se vive en los árboles. La cola prensil, de la que carecen el resto de los primates, es fuerte y musculosa y sirve para agarrar objetos o asirse a las ramas. Su punta es sensible, por lo que funciona casi como otra mano. Un mono puede colgarse de un árbol sostenido por su cola únicamente. Esto es muy útil para atrapar frutas u hojas difíciles de alcanzar en la punta de ramas finas. Este acceso a comida abundante ha permitido a estos monos de "cinco manos" evolucionar a un gran tamaño corporal. El más grande de Suramérica es el mono araña lanudo o muriquí *(Brachyteles arachnoides)* que pesa hasta 10 kg.

LICENCIA ARTÍSTICA
El mono araña no tiene realmente tres brazos. El pintor cambió de opinión sobre la posición del brazo del mono y pintó una rama en su lugar.

ENROLLARSE
Un mono del Nuevo Mundo tiene una zona sin pelo al final de su cola, como la minúscula palma de una mano. Es muy sensible y permite un agarre firme, incluso tiene estrías como "huellas digitales".

El robusto aullador se mueve lentamente entre las ramas y rara vez salta

La cola prensil es como un ancla

Mono aullador rojo
(Alouetta seniculus)

BOCAZAS
Los monos aulladores merecen su nombre. Sus aullidos, más bien rugidos, reverberan en la selva al alba para marcar su territorio frente a otros monos. Machos y hembras tienen una mandíbula profunda con una cavidad ovalada especial para amplificar sus gritos. Hay seis especies de aulladores y su distribución es de las más amplias en el Nuevo Mundo.

CUADRILLA DE MANOS NEGRAS
Este mono araña de manos negras *(Ateles geoffroyi)* vive en las selvas del sur de México y noroeste de Colombia. Es una de las cuatro especies de mono araña, de las que existen varias subespecies. Su nombre es muy apropiado. Se encaraman en los árboles con sus "cinco" manos como una araña en su tela. A diferencia de los aulladores, el ágil mono araña da a veces grandes saltos.

La musculosa cola prensil soporta casi todo su peso corporal

El reverso de la cola tiene glándulas sudoríparas y terminaciones nerviosas

Mono lanudo común
(*Lagothrix lagothricha*)

PELUDOS COLGANTES
El mono lanudo disfruta gateando por las ramas tanto como suspendido de su cola. Vive en grupos de 20 o más miembros que irrumpen en el dosel de la selva con sus cachorros de color más claro colgados del cuerpo de sus madres. Tienen colas muy musculosas; un macho capturado suspendido por una cuerda atada a su cola ¡puede levantar jugando a un hombre del suelo!

Cuatro dedos forman como un gancho

Los monos araña no tienen pulgar

Brazos muy largos y flexibles

ARAÑAS LIBADORAS
Los monos araña comen frutas y forman grupos de tamaño variable dependiendo de la fruta disponible. Si los grandes árboles frutales tienen frutas en sazón, los grupos pueden reunir temporalmente hasta 20 miembros. Si la fruta escasea buscan comida solos o en grupos pequeños. Prefieren la fruta madura pero comen también hojas. El mono a la izquierda sorbe agua de una flor balsa del dosel vegetal.

FRUTA JUGOSA
La fragante fruta de la pasión (*Passiflora edulis*) es una tentación deliciosa para los monos. Como las semillas están dentro de la carne jugosa de la fruta los monos las tragan y contribuyen a su dispersión cuando, después de atravesar el tracto intestinal, caen en el suelo lejos de la planta madre.

Pelaje corto y espeso

La cría se agarra con fuerza

Dedos largos y flexibles

Mono araña negro
(*Ateles paniscus*)

GUARDERÍA DE ALTURA
El mono araña tiene una sola cría que nace después de una gestación (p. 48) de unos 139 días. En los primeros cuatro meses, el cachorro cuelga del vientre de su madre, pero luego pasa a la espalda. A veces enrolla su cola en la de su madre para asegurarse más: un fallo significaría una caída fatal desde más de 30 m de altura.

El inteligente capuchino

Capuchino pardo

Con la cola puede sostener fruta

LOS CAPUCHINOS SE ENCUENTRAN CASI EN CADA selva suramericana. El capuchino pardo *(Cebus apella)* es el mono del Nuevo Mundo de distribución más amplia. También es el más inteligente, capaz de adaptarse a las más diversas regiones. Su cerebro es grande comparado con su tamaño corporal. Por su ingeniosidad y habilidad instrumental los científicos le llaman el "chimpancé de Suramérica". Estos monos bien dotados son conocidos como "monos de organillo" porque su talento para aprender trucos es apreciado por los organilleros callejeros (p.60). Pero su destreza choca a veces con los humanos. Cuadrillas de hasta 30 capuchinos caen sobre los cultivos desbordando los esfuerzos de los granjeros por ahuyentarlos. Su elevado número consume enormes cantidades de comida y los hace muy impopulares ante sus vecinos humanos.

Casquete de pelo oscuro como capucha de monje

Ojos atentos y brillantes

LADRÓN DE BANANAS
Este capuchino de cara blanca *(Cebus capucinus)* está robando bananas, escapa a dos patas para para poder llevar más bananas en las manos. Se lleva su preciado botín para comerlo en un lugar seguro.

Su peso es de unos 2,2 kg

Capuchino correteando ágilmente por las ramas del dosel en la selva

CAPUCHINOS DE LAS ALTURAS
El nombre de capuchino deriva del casquete de pelo oscuro de su cabeza que recuerda a la capucha de la orden franciscana de los capuchinos. Pasa su tiempo en el dosel vegetal de la selva y baja a veces al suelo por el día. Vive en grupos mixtos entre 6 y 30 miembros que se diseminan por el dosel para comer. El macho dominante y algunos que deja acercarse a él ocupan los mejores sitios, mientras que los de menor rango se relegan a los extremos y desde allí vigilan a los predadores, como la mortífera águila arpía.

FESTÍN EN LA SELVA
Los capuchinos comen diversas frutas que forman un 60 % de su dieta. También cazan insectos y animalillos como lagartos, ranas arborícolas, pajarillos, ardillas e incluso monos de especies de tamaño menor.

CASCANUECES
El capuchino pardo adora las nueces de palma. Como el chimpancé, aprendió a abrir las nueces de varias formas (pp. 54-55). Con su cola firmemente anclada a la rama, golpea la nuez contra una rama u otra nuez para cascarla. Este método "preinstrumental" lo usan también los capuchinos de la costa para abrir las conchas contra las rocas.

Los capuchinos suelen comer y descansar en cuclillas

Dedos largos y ágiles, ideales para manipular objetos

Cola semiprensil (p. 18) para anclarse a los árboles

Monos del Viejo Mundo

ZONAS DEL VIEJO MUNDO
Este mapa muestra la distribución de los monos en Asia y África. Asia y África eran el "Viejo Mundo" porque se conocían en Europa mucho antes del descubrimiento de América ("Nuevo Mundo") en el siglo XV. Actualmente se siguen usando estos nombres pasados de moda para distinguir los monos americanos de los de Asia y África.

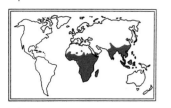

LOS MONOS DE ASIA Y ÁFRICA, el Viejo Mundo, forman el grupo más numeroso y diverso de primates. A pesar de sus muchas diferencias, los papiones, cercopitecos o monos típicos, macacos, mangabeys, colobos y monos langures, pertenecen a la misma familia de Cercopitécidos. Un mono típico del Viejo Mundo tiene narinas frontales, callosidades isquémicas y cola no prensil (p. 18). Viven en casi todos los hábitats, desde los manglares cenagosos de Borneo hasta las selvas montañosas de Asia o las sabanas africanas. Tienen también dietas alimenticias y estilos de vida diversos. Algunos pasan su tiempo en las copas de los árboles comiendo sólo frutas y hojas, mientras que otros tienen una dieta mixta de plantas, insectos y animalillos. En general, los de dieta más variada suelen ser también más ingeniosos y adaptables que los vegetarianos.

Macho dominante del grupo

Callosidades isquémicas o almohadillas de asiento

Cola curvada típica de papiones

Papión atento a los predadores mientras bebe agua

LEÓN TÍMIDO
El macaco león no sólo tiene la cola parecida a un león sino una mata de pelo gris que le hace parecer más grande. A pesar de su aspecto fiero es un tímido habitante de la selva, al contrario que sus revoltosos parientes macacos.

ARRIBA LAS NALGAS
A diferencia de los monos del Nuevo Mundo, los del Viejo Mundo tienen unas almohadillas en las nalgas llamadas callosidades isquémicas como las de este papión oliva (p. 27). Todos ellos duermen sentados, por lo que esas callosidades les permiten reposar sobre sus nalgas con comodidad.

Narinas
hacia abajo

Una madre
amamanta
a su cría

Cejas amarillo
brillante

CUADRILLAS ARBORÍCOLAS

El cercopiteco mona *(Cercopithecus mona)* es el cercopiteco más típico de las selvas africanas. Los mona viven en cuadrillas de unos 20 monos dirigidos por un macho dominante. Corretean, saltan por los árboles alimentándose de hojas, frutas e insectos.

El macho anuncia su presencia a otros grupos emitiendo un fuerte grito, que se hace más sonoro con la ayuda de un pequeño saco en su garganta. En ocasiones, los cercopitecos mona se unen a otras especies cuando la comida abunda; el grupo grande es más seguro.

Cara azul
típica de algunos
cercopitecos

Los llamativos
anillos claros
rodeando los
ojos pueden
verse a lo lejos

POR NARICES

El mono narigudo *(Nasalis larvatus)* (abajo) es uno de los monos del Viejo Mundo de aspecto más insólito. Los machos tienen una nariz grande como una trompa de unos 7,6 cm. Su propósito se desconoce pero se piensa que atraería a las hembras. Este mono singular también es especial porque le gusta nadar. Vive en los manglares cenagosos de Borneo y puede lanzarse al agua desde 15 m de altura.

VEO UNA COLA

El extraño langur dorado *(Prebytis geei)* vive en las selvas del noroeste de Assam, India. Como otras especies de langures tiene una cola larguísima de la que toma su nombre ya que "lungoor" significa "cola larga" en indostaní.

El langur de
anteojos come
hojas tiernas
de los mangles

¡VAYA ANTEOJOS!

Este langur de anteojos *(Presbytis obscura)* adquiere sus llamativos anteojos a las seis semanas de edad. Vive en el sur de Asia. Debido a su dieta basada en hojas, estos monos singulares tienen estómagos de cuatro cavidades con bacterias que digieren la fibra vegetal.

Continúa en la página siguiente

Andar por las ramas

Aunque son muy ágiles, los monos del Viejo Mundo no se cuelgan de las ramas como sus primos del Nuevo Mundo (pp. 16-19). Suelen caminar o correr sobre las ramas, siguiendo sendas bien conocidas por las copas de los árboles. Cuando llegan al final de una rama dan un arriesgado salto a la rama siguiente. Durante el salto levantan brazos y piernas usando su cola como timón para controlar "el vuelo". Después del aterrizaje en el nuevo árbol, el mono cuelga de su oscilante apoyo hasta que recupera rápidamente su equilibrio y se escabulle.

Cola del cachorro enrollada a la de su madre

Piernas fuertes para saltar

Capa de largo pelo blanco que se despliega cuando salta entre ramas

Cola larga con forma de borla que actúa como timón en el aire

El cachorro debe aferrarse al pelo de su madre o se arriesga a caer fatalmente al suelo

Incluso llevando a su cría, el cercopiteco mona (p. 23) corre con rapidez y agilidad por las ramas

Cola larga para equilibrarse

Los mangabeys pueden comunicarse alzando sus cejas como los macacos

PILOTO DE ALTURA
Como los langures asiáticos (p.23), los guerezas africanos viven casi sólo de hojas y rara vez bajan al suelo. El guereza blanco y negro (*Colobus guereza*) vive en las copas de los árboles y es un temerario saltador, saltando a veces hasta 9 m hacia ramas más bajas. Estos hermosos monos se han cazado por su piel espectacular pero ahora están protegidos por la ley.

La cresta negra se aplana cuando el mono alza las cejas

Los bigotes largos y grises ocultan las bolsas de los carrillos donde guardan comida

Mejillas hundidas típicas de mangabeys

MANGABEYS CURIOSOS
Los mangabeys son monos grandes de aspecto curioso que viven en las selvas tropicales africanas. El mangabey de cresta negra (*Cerocebus aterrimus*) (izquierda) vive en las copas de los árboles y rara vez desciende al suelo, pero el mangabey ágil o de vientre dorado (*Cerocebus galeritus*) (derecha) busca a menudo su comida en el suelo de la selva.

Las pequeñas y finas
orejas sintonizan los
sonidos de la selva

La cría de cercopiteco mona
es una réplica perfecta y
diminuta de su madre

CUIDADO CON LOS CACHORROS

El langur plateado *(Presbytis cristata)* de las
selvas desde Birmania a Borneo es una de las
siete especies de langur (p. 23) que tiene crías
naranja brillante. El pelaje de las crías
contrasta mucho con el pelaje oscuro de los
adultos y dura hasta los tres meses. La
llamativa diferencia de color podría deberse al
singular comportamiento grupal de estos
monos. Cuando nace un cachorro, todas las
hembras del grupo lo inspeccionan y asean. Su
brillante color puede servir de señal para
solicitar cuidados. Más tarde, los cachorros
forman un grupo al cuidado de una hembra
"canguro" mientras sus madres buscan comida.

MARCADOS POR EL ÉXITO

Hay unas 20 especies de cercopitecos o guenones
en África. Famosos por sus marcas faciales
distintivas, se encuentran en numerosos hábitats.
El apuesto cercopiteco De Brazza *(Cercopithecus
neglectus)* (abajo), es un tímido habitante de la
selva, mientras que el tota más común
(Cercopithecus aethiops) (derecha), conocido por
diversos nombres como mono grivet, vervet o
tantalus vive en las planicies africanas (p. 26).

Cola erguida
mientras el cortejo
del macho dominante

"Diadema"
color castaño

La barba
blanca
se hace
más larga

Cada pelo tiene
bandas de colores
distintos por lo que
su pelaje parece
jaspeado

La raya
blanca se
acentúa con
la edad

Cola larga y
vulnerable

La vida en las llanuras

Algunos MONOS DEL VIEJO MUNDO se han adaptado a vivir en las sabanas herbáceas y las mesetas rocosas de África. La vida en esos hábitas descubiertos, a menudo rigurosos, es difícil y peligrosa ya que es también el hogar de predadores como leones, leopardos, guepardos y hienas. Los monos solitarios tienen poca posibilidad de sobrevivir, por eso forman grupos estrechamente ligados para protegerse. Además necesitan tener resistencia y muchos recursos para aprovechar con rapidez nuevas fuentes de alimento.

Suplementan su dieta de hierba y semillas con cualquier cosa que caiga en sus manos, los papiones incluso saben cazar liebres y gacelas jóvenes.

EL MONO MAJESTUOSO
Este grabado del siglo XVII muestra la impresionante cabellera hasta los hombros de un macho de papión sagrado o hamadrias. Esa mata de pelo le da un aspecto regio; este babuino de gran tamaño y corpulencia ha suscitado admiración desde 3.000 A. C. (p. 58) for su fuerza y elasticidad.

EL VERSÁTIL TOTA
El tota *(Cercopithecus aethiops)* es el mono más común en las llanuras africanas. Al igual que otros monos de la zona se siente tan a gusto en los árboles como en el suelo. Además de hierba y semillas comen látex y corteza de acacia y tienen bolsas en los carrillos donde almacenan comida.

Bello pelaje rojizo

Largos y distintivos bigotes

Piernas largas para veloces carreras sobre la sabana

El mono asustado se levanta sobre sus patas

La cría se aferra al vientre de su madre

VIDA A LA CARRERA
La sabana africana es un lugar peligroso y los monos, como esta hembra patas, siempre están alerta por los predadores como leones o leopardos. Incluso cargando con su cría, una hembra patas puede correr veloz largas distancias si es necesario. Por la noche duermen en las acacias, relativamente seguras, que crecen en la llanura.

GENERAL DE LA LLANURA
El mono patas *(Erythrocebus patas)* también se llama mono militar por su aspecto distinguido. El pelaje rojizo del macho y su bigote de apariencia militar le asemeja a un coronel de ejército del siglo XIX. En la sabana, el macho vive de su reputación de caballero: estos monos viven en grupos de 20 hembras con un macho dominante cuya tarea es vigilar y proteger a las hembras del peligro, actuando como señuelo. Si el macho divisa un predador, hace mucho ruido y conduce al predador lejos del grupo. Puede escapar del peligro acelerando la carrera hasta 55 km/h.

Caninos
afilados

FAMILIA UNIDA
La mayor parte de los papiones viven en
grupos de ambos sexos y edades diferentes
dirigidos por varios machos adultos. Pero el
papión sagrado *(Papio hamadryas)* se
organiza de otro modo. Las hembras
como ésta (derecha) viven en grupos
pequeños de hasta 12 miembros,
llamados harenes, que un solo
macho gobierna. El macho guarda
a las hembras celosamente y corre
tras ellas si se alejan demasiado.
Por la noche, muchos grupos de
harenes se reúnen para dormir
protegidos cerca de abismos o zonas
rocosas.

Bolsas en mejillas
para almacenar
comida

El pelaje gris oliva
se camufla bien
entre las rocas y
hierbas secas

Hocico
de perro

El arco supraciliar
óseo protege los ojos

BOCA PODEROSA
Este papión oliva *(Papio anubis)* muestra sus
dientes para disuadir a un rival. Los papiones
macho se enzarzan a menudo en escaramuzas para
establecer su rango en la jerarquía del grupo. Los
machos dominantes son responsables de mantener
la disciplina estricta que es vital para la
supervivencia del grupo.

PREDADOR DE PRIMATES
Los papiones no sólo son presas sino también
predadores ellos mismos. Estos monos grandes y
fuertes a veces se agrupan para cazar gacelas
pequeñas. La carne fresca es una aportación adicional
a su dieta de hierba, semillas,
fruta, raíces e insectos.

Usa las manos
para recoger
hierba y escarbar
raíces

En el aseo se quitan
parásitos y suciedad
del pelaje

INFLUENCIA APACIGUADORA
El agresivo papión tiene también
un lado amable. Como otros
primates, los papiones pasan
mucho tiempo aseándose
pacíficamente unos a otros.
Además de mantenerse
limpios, esta actividad
refuerza los lazos
sociales en un entorno
en que la colaboración
del grupo es vital para
sobrevivir.

Llamativas
almohadillas
de asiento

Piernas
robustas para
andar grandes
distancias

El versátil macaco

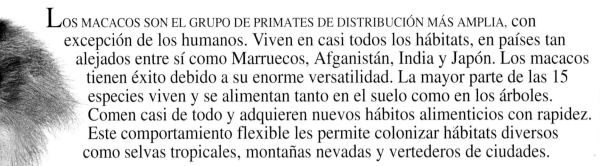

LOS MACACOS SON EL GRUPO DE PRIMATES DE DISTRIBUCIÓN MÁS AMPLIA, con excepción de los humanos. Viven en casi todos los hábitats, en países tan alejados entre sí como Marruecos, Afganistán, India y Japón. Los macacos tienen éxito debido a su enorme versatilidad. La mayor parte de las 15 especies viven y se alimentan tanto en el suelo como en los árboles. Comen casi de todo y adquieren nuevos hábitos alimenticios con rapidez. Este comportamiento flexible les permite colonizar hábitats diversos como selvas tropicales, montañas nevadas y vertederos de ciudades.

HUÍDA A LAS ALTURAS
El macaco león (*Macaca silenus*) es un buen ejemplo de la adaptabilidad del macaco. Pasa su tiempo en lo alto de los árboles y así evita la competencia directa con el macaco coronado (*Macaca radiata*) que vive en el suelo de la selva. Pero ahora el macaco león está confinado a las espesas selvas montañosas de suroeste de India y es una especie amenazada.

Las bolsas de los carrillos guardan comida para comer después

La cresta puntiaguda se aplasta cuando levanta las cejas para dar énfasis a su expresión

EL JEFE
Un clan de macacos está dirigido por un macho adulto dominante que arregla disputas, protege al grupo de ataques y lo conduce a nuevas fuentes de comida. El macho dominante siempre tiene el mejor sitio para comer y no permite que otros se acerquen hasta que no está harto. Amenaza a los adolescentes rebeldes que se acercan con miradas fijas, gruñidos o mordiscos si persisten en su comportamiento.

Almohadillas de asiento

Macho adulto con pelaje gris

MACHO JOVEN
Un macaco macho joven como éste llega a adulto a los 4 años y medio, aunque continua creciendo hasta los 10. Mientras que las hembras jóvenes permanecen en el grupo con sus madres, los machos jóvenes tienen que irse a otro grupo vecino.

Un macho macaco dominante pesa unos 10 kg

Cuerpo sólido
y rechoncho

COLA RIZADA
El macaco cola de cerdo
(*Macaca nemestrina*) es un mono
de cuerpo robusto que vive en la
selva del sureste asiático. Algunos
recolectores de coco (p. 61) usan a
estos macacos para recoger los
cocos porque son fuertes y
aprenden con facilidad
habilidades nuevas.

Cola corta
y rizada

VIDA DE JACUZZI
Los macacos japoneses
(*Macaca fuscata*) poseen
algunas adaptaciones
sorprendentes a su entorno
riguroso en las montañas de
Honshu. En el invierno comen
semillas y cortezas de árboles,
aumentan el espesor de su pelaje y
se arriman unos a otros para darse
calor. Pero un grupo ha adquirido
el hábito singular de bañarse en
cálidas aguas termales. Los
científicos que lo estudiaron se
sorprendieron al ver cómo un
cachorro saltaba al agua templada.
Otros monos le siguieron
rápidamente y el comportamiento
se extendió convirtiéndose en algo
habitual en invierno.

Una hembra adulta
pesa unos 5 kg

Los macacos
se comunican
con diversas
expresiones
faciales

La carencia de cola hace que se les llame
erróneamente monos antropomorfos

La hembra joven
permanece cerca
de su madre

Cría recién
nacida de piel
rosada

Cachorro de
más edad con
piel oscura

La madre lleva
la cría sobre el
vientre o
debajo de ella

El macaco marcha sobre
las palmas de manos y pies
con los dedos extendidos

La sociedad macaca

Los macacos crestados de Sulawesi (*Macaca nigra*) nacen en una compleja sociedad con muchas normas. Los cachorros están con sus madres y aprenden de su comportamiento sobre la jerarquía del clan. El estatus del joven macaco depende del de su madre hasta que sea mayor para establecerse por sí mismo en el grupo. Una vez tiene experiencia social, un macaco reconoce qué cachorros pertenecen a qué madres y los trata en consecuencia. Aprende también conductas esenciales para la supervivencia, nuevos patrones de alimentación que se copian pronto por todos los miembros del grupo, que convierten al macaco en uno de los monos más versátiles.

Los monos antropomorfos inferiores

En las selvas del sur de Asia, el aire de la mañana se llena del extraordinario canto de los gibones. Un coro de gritos y aullidos sirve a los gibones para proclamar su territorio ante sus vecinos. Una pareja de gibones defiende unas 25 hectáreas de selva, suficientes para el suministro anual de fruta. Aunque pueden confundirse con monos comunes, son en realidad antropomorfos pequeños.

Las nueve especies de gibón se denominan antropomorfos menores o inferiores para diferenciarlas de los antropomorfos típicos (p. 36-37). Son mucho más pequeños que éstos y pasan su vida en los árboles. Tampoco construyen nidos porque duermen sentados en ramas, apoyados en sus almohadillas de asiento (p. 22). Los gibones son los únicos antropomorfos que verdaderamente usan la braquiación, es decir, se balancean pasando de árbol en árbol.

La mano se estira hasta a la rama próxima

Brazo muy largo

Hombros anchos

Pelaje negro y denso

Piernas cortas

UNA DIVA AL AMANECER
En la madrugada y al atardecer, parejas de gibones cantan ruidosos dúos para que otras parejas se mantengan alejadas de su territorio. El macho sólo ulula pero la hembra canta la mayor parte de la canción, conocida como la "gran llamada". Empieza con una grito melodioso y llega al clímax con un sonido burbujeante de tono agudo. Los cantos de otras hembras respondiendo al anterior se unen pronto y todo el aire se llena de un ruidoso coro.

EL SIAMANG CANTARÍN
El siamang *(Hylobates syndactylus)* de Malaisia y Sumatra es el gibón más grande y ruidoso. Tiene un saco especial en la garganta que amplifica su llamada. El saco inflado produce un sorprendente sonido profundo que resuena en la selva y se acompaña de una serie de silbidos agudos y ladridos. Los siamang suelen compartir el mismo territorio con otros gibones, pero como comen también hojas no compiten por grandes cantidades de fruta.

Los gibones se desplazan por los árboles por braquiación, colgando de las ramas y columpiándose de una mano a otra. El movimiento de los brazos recuerda al de las piernas en la marcha.

Durante la braquiación, el gibón cuelga de una mano como un péndulo balanceando su cuerpo y así permitir a la otra mano alcanzar la rama próxima. Los brazos largos del gibón le permiten balancearse más lejos.

Cuando la braquiación es lenta, el gibón estira el brazo para coger una rama próxima mientras sigue sujeto a la rama anterior con la otra mano. Cuando va rápido, a veces queda suspendido en el aire porque suelta una mano antes de haberse sujetado con la otra a la rama siguiente.

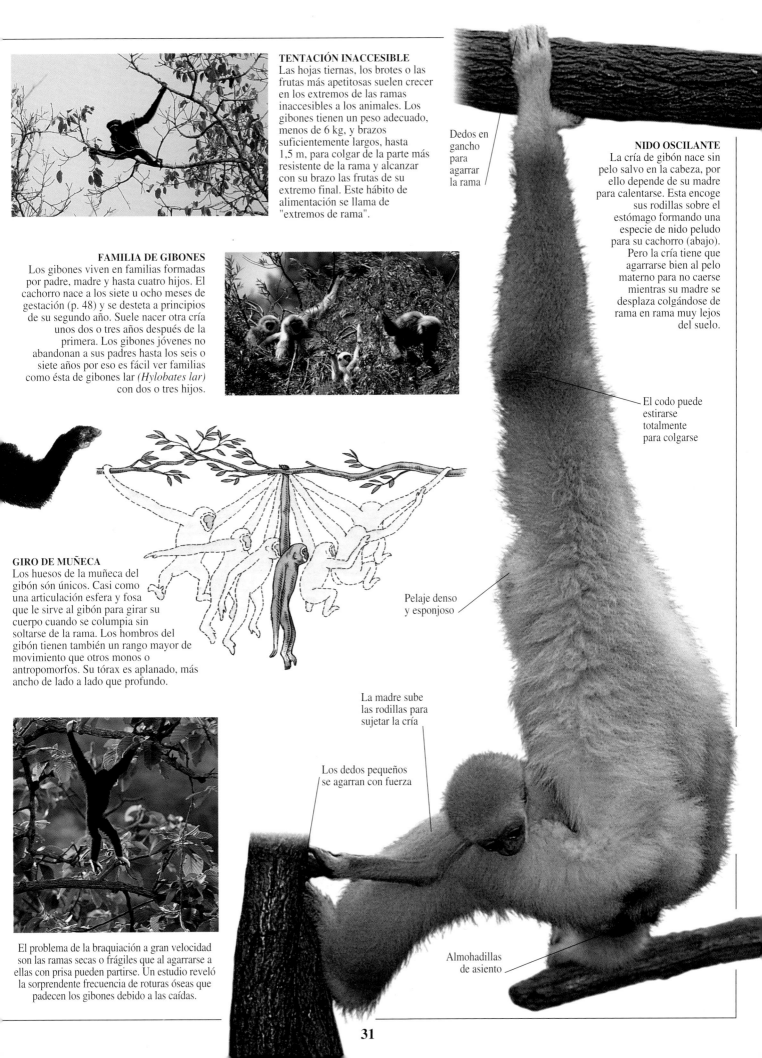

TENTACIÓN INACCESIBLE
Las hojas tiernas, los brotes o las frutas más apetitosas suelen crecer en los extremos de las ramas inaccesibles a los animales. Los gibones tienen un peso adecuado, menos de 6 kg, y brazos suficientemente largos, hasta 1,5 m, para colgar de la parte más resistente de la rama y alcanzar con su brazo las frutas de su extremo final. Este hábito de alimentación se llama de "extremos de rama".

Dedos en gancho para agarrar la rama

NIDO OSCILANTE
La cría de gibón nace sin pelo salvo en la cabeza, por ello depende de su madre para calentarse. Esta encoge sus rodillas sobre el estómago formando una especie de nido peludo para su cachorro (abajo). Pero la cría tiene que agarrarse bien al pelo materno para no caerse mientras su madre se desplaza colgándose de rama en rama muy lejos del suelo.

FAMILIA DE GIBONES
Los gibones viven en familias formadas por padre, madre y hasta cuatro hijos. El cachorro nace a los siete u ocho meses de gestación (p. 48) y se desteta a principios de su segundo año. Suele nacer otra cría unos dos o tres años después de la primera. Los gibones jóvenes no abandonan a sus padres hasta los seis o siete años por eso es fácil ver familias como ésta de gibones lar *(Hylobates lar)* con dos o tres hijos.

El codo puede estirarse totalmente para colgarse

GIRO DE MUÑECA
Los huesos de la muñeca del gibón són únicos. Casi como una articulación esfera y fosa que le sirve al gibón para girar su cuerpo cuando se columpia sin soltarse de la rama. Los hombros del gibón tienen también un rango mayor de movimiento que otros monos o antropomorfos. Su tórax es aplanado, más ancho de lado a lado que profundo.

Pelaje denso y esponjoso

La madre sube las rodillas para sujetar la cría

Los dedos pequeños se agarran con fuerza

El problema de la braquiación a gran velocidad son las ramas secas o frágiles que al agarrarse a ellas con prisa pueden partirse. Un estudio reveló la sorprendente frecuencia de roturas óseas que padecen los gibones debido a las caídas.

Almohadillas de asiento

Expertos comunicadores

AUNQUE LOS PROSIMIOS, MONOS Y ANTROPOMORFOS no pueden hablar, tienen modos sutiles y complejos de comunicarse entre ellos. Los primates combinan expresiones faciales, gestos, señales, sonidos y olores para transmitir un rango variado de información. En un grupo, es vital saber si se encontró comida o si hay un peligro inminente pero también lo es observar las normas sociales. Molestar a un macho dominante puede acarrear un doloroso mordisco, por eso los más jóvenes aprenden a reconocer gestos de amenaza, como la mirada fija, mostrar los dientes o patear el suelo. Por otro lado, tienen que reconocer la invitación al juego o al aseo mutuo, mediante un chasquido de labios, una mirada amistosa o una cara "juguetona". En selvas espesas, se distinguen peor las señales visuales, por eso los sonidos y olores son más importantes. Algunos monos dan gritos ruidosos para anunciar su territorio o atraer una pareja y, más silenciosamente, los olores expresan lo mismo. Cualquiera que sea el mensaje, los primates sin duda son muy comunicativos.

¿QUÉ PASA?
Un chimpancé joven expresa su ansiedad poniendo su pelo de punta y con suaves gritos "huhu" componiendo una serie de gimoteos y pucheros. Su madre le responderá con un protector abrazo. Un grito "huhu" más fuerte, sin pucheros, significa "¿qué es esto?" y los otros monos vendrán a investigar.

MUECA AMENAZADORA
Si un chimpancé está asustado o nervioso, lo muestra haciendo una mueca en la que descubre sus encías y dientes de forma característica. Si participa en una pelea o trata de asustar a un predador, la mueca va acompañada de gritos y gruñidos.

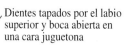
Dientes tapados por el labio superior y boca abierta en una cara juguetona

CONVERSACIÓN DIVERTIDA
Como los humanos, el chimpancé combina expresiones faciales y vocalizaciones para comunicar sus sentimientos a los otros miembros del grupo (pp. 52-53). Estos dos chimpancés jóvenes juegan a pelearse y su gozo lo muestran con sus "caras juguetonas" de boca abierta y unas risas felices.

CÓDIGO DE COLOR
El mandril *(Mandrillus sphinx)* es una especie de papión que vive en las selvas tropicales de África Occidental. Como otros seres de la selva, tiene un colorido brillante por lo que se distingue bien en el follaje. Los brillantes colores rojo y azul de la cara y las nalgas de los machos palidecen si no están sanos, así las hembras ven directamente si un macho puede ser o no una buena pareja.

Las callosidades isquémicas (p. 22) de la macaco Sulawesi hembra se hinchan y enrojecen durante el celo

SEÑALES ESTACIONALES
En algunas especies de primates, cuando una hembra está lista para aparearse, sus nalgas se inflaman y se vuelven rojo brillante. Así es en grupos grandes, como en los papiones, macacos y chimpancés, porque señales más sutiles podrían no ser reconocidas. Los primates que se emparejan de por vida y se conocen bien, como gibones o gorilas, indican cuándo aparearse de modos más discretos, como un olor suave o un cambio de conducta.

Cola larga
para aventar
el olor

MENSAJE OLOROSO
En el mundo del lemur,
el olor lo es todo.
Un lemur de cola
anillada (pp. 10-11)
marca su territorio
frotando con sus
glándulas anales árboles
o ramas. Estas señales
olorosas informan a
otros lemures que un
lemur ya vive en esa
zona de la selva.

PONIENDO OJITOS
Los monos usan expresiones
faciales diversas para
comunicarse entre sí, por eso
tienen poco pelo en su cara y
músculos muy móviles. El guiño
de ojos se usa como un signo de
amenaza suave en varias
especies, como el de este macaco
cangrejero *(Macaca fascicularis)*
en que el gesto se acentúa por la
palidez de sus párpados.

MANTENERSE EN CONTACTO
Tocarse es importante en los grupos
de primates. Los primates jóvenes,
como este bonobo (pp. 56-57)
son acunados y protegidos por
los brazos maternos durante
su infancia y continúan
buscando bienestar y
confianza mediante el
contacto toda su vida.
Los chimpancés y
bonobos refuerzan sus
lazos aseándose
mutuamente, y calman
situaciones tensas con un
vigoroso abrazo o hacen
las paces ofreciendo
amistosamente la mano.

Un cachorro de
gorila explora
a su alrededor

El cachorro
bonobo aprende
gestos amistosos
de su madre

El moño blanco
de la cola se ve
bien en la selva
oscura

MOÑO ÚTIL
Los cachorros de gorila (pp. 48-49) tienen un moño
blanco en su cola hasta los tres años. Se destaca en su
pelaje oscuro como el centro de una diana y es una
marca visual que permite a las madres gorila no perder a
sus cachorros de vista mientras juegan entre la sombría
vegetación de la selva.

En defensa propia

Los PRIMATES TIENEN MUCHOS predadores pero pueden evitar el peligro de maneras diversas. Una de sus mejores defensas es vivir en grupo porque hay más ojos atentos a las águilas, serpientes y felinos, así como a visitantes hostiles de otros grupos. Los científicos han descubierto que algunos monos tienen un vocabulario diverso para avisar del peligro, que los otros miembros del grupo reconocen de inmediato. Tan pronto como se divisa el peligro, se alerta al resto del grupo con un grito o parloteo que impulsa a los otros a buscar protección. Los primates más grandes, como los gorilas o los chimpancés, pueden enfrentarse al agresor con un comportamiento de amenaza.

NUNCA SONRÍAS A UN COCODRILO
Esta ilustración del siglo XIX de unos monos provocando a un cocodrilo no es tan fantástica como parece. En ocasiones los monos se acercan a la ribera arriesgando sus vidas ya que hay peligro de ser capturados por cocodrilos que se acercan a gran velocidad a los animales que vienen a beber.

ATAQUE DE IRA
Las amenazas no vienen siempre de los predadores, sino que a veces son de otros primates. Los monos, como este macaco (pp. 28-29), pierden a veces los nervios. Desahogan su cólera agitando y rompiendo ramas. Este tipo de conducta se llama "agresión encauzada". Permite al individuo enfadado calmarse sin dirigir su violencia contra otro miembro del grupo.

EN EL LÍMITE
Pocas cosas parecen tan temibles como un gorila lomo plateado adulto (pp. 42-43) a punto de atacar. Los gorilas no son agresivos, pero un lomo plateado atacará y morderá, si es necesario, cuando algún invasor amenaza al grupo. El gorila también puede chillar, golpear su pecho con sus manos, enseñar sus dientes y romper ruidosamente las ramas; son comportamientos calculados para mostrar su fuerza y asustar al intruso potencial.

Los ojos casi nunca miran directamente

Aprieta los labios con disgusto

HACERSE EL MUERTO
El poto (p. 12) tiene un raro modo de defensa. Si se siente amenazado oculta la cabeza con los antebrazos exponiendo la columna vertebral al enemigo. Si la cosa se pone peor, tiene un último recurso: se hace el muerto, cayendo de la rama sobre el mullido suelo de la selva con restos de hojas.

EL PELIGRO VIENE DE ARRIBA
Los monos se sientan y toman el sol o comen en las ramas más altas, lo que les hace especialmente vulnerables a las aves de presa. Muchas de estas aves tienen espolones grandes que rompen los cráneos de los monos y el mortífero hábito de deslizarse en silencio sobre los árboles tomando a su presa por sorpresa.

El vervet vigila atentamente el cielo

ALERTA AÉREA
Los monos vervet (p. 26) viven en recintos arbolados de la sabana africana. Si un mono ve un águila, emite una serie de sonidos cortos y graves. Cualquier mono que lo oiga buscará rápidamente protección, abandonando las ramas expuestas y escondiéndose en lo más profundo del follaje. Sólo tan específica llamada desencadena tal reacción ya que si un leopardo es la amenaza, por ejemplo, esconderse entre las ramas que pueden sostener al leopardo resultaría desastroso.

Desde un puesto elevado, los vervet escrutan el suelo por temor a los predadores

SIGUE EL CÓDIGO
Si un mono vervet da una llamada alta y corta, alerta de un leopardo, el resto del grupo corre asustado hacia ramas altas huyendo del peligro. Si la llamada es un agudo rechinar de dientes, alerta de una serpiente peligrosa en el suelo, los que están en el suelo inspeccionan la zona y luego corren a los árboles.

Las manchas del pelaje camuflan al leopardo en sitios sombríos

GATO ASESINO
El más versátil de los felinos es el leopardo que vive en bosques desde África Occidental hasta Corea y el sureste de Asia. Suelen reposar a la sombra de las rocas o sobre ramas altas de los árboles, los mismo sitios frecuentados por los monos y, a veces por antropomorfos jóvenes. El leopardo es un cazador despiadado y mortífero, como este desafortunado vervet ha comprobado.

El leopardo mata rápidamente con un mordisco en el cuello

¡VAYA GRITO!
Cuando un chimpancé detecta un predador adopta una expresión especial enseñando los dientes y las rosadas encías (p. 32). Si el peligro se acerca, esta señal silenciosa avisa a los otros sin que el intruso lo note. Otra opción es hacer tanto ruido como se pueda para asustar al predador y alertar a los otros monos.

Hola

Sí

Hacer cosquillas

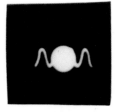

Comida

Pregunta

Luz

SIGNOS HABLADOS
Estas son algunas "palabras" del amplio vocabulario de los bonobos

Los antropomorfos superiores

LOS CUATRO MONOS ANTROPOMORFOS SUPERIORES o póngidos: chimpancés, bonobos, gorilas y orangutanes no tienen colas y son más grandes que los prosimios y monos. Son los primates más inteligentes exceptuando los humanos. Durante todo el siglo XX, los científicos han estudiado el comportamiento y la capacidad de aprendizaje tanto en cautividad como en la naturaleza. Los resultados indican que muchas características que se creían sólo humanas también los póngidos las poseen. Son capaces de usar herramientas (pp. 54-55), solucionar problemas complejos, transmitir información de una generación a otra e incluso aprender un lenguaje.

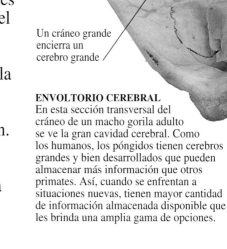

Cresta ósea occipital

Un cráneo grande encierra un cerebro grande

El cóndilo cabe en el hueso temporal del cráneo

ENVOLTORIO CEREBRAL
En esta sección transversal del cráneo de un macho gorila adulto se ve la gran cavidad cerebral. Como los humanos, los póngidos tienen cerebros grandes y bien desarrollados que pueden almacenar más información que otros primates. Así, cuando se enfrentan a situaciones nuevas, tienen mayor cantidad de información almacenada disponible que les brinda una amplia gama de opciones.

DEJA HABLAR A TUS DEDOS
Los antropomorfos nunca podrán hablar como los humanos porque sus cuerdas vocales no pueden producir la gama adecuada de sonidos. Pero en el Centro de Investigaciones del Lenguaje en Georgia (Estados Unidos) han enseñado a bonobos (pp. 56-58) a comunicarse usando un lenguaje de signos. Los bonobos entienden el inglés hablado y contestan a las preguntas o piden cosas señalando símbolos. Un bonobo llamado Kanzi fue el primero en aprender a "hablar" así, pero otros ahora como Panbanisha (derecha) también dominan la técnica.

TABLERO DE SIGNOS
Cada signo de este tablero representa una palabra. Bonobos como Kanzi han aprendido varios cientos de estas "palabras" y pueden combinarlas haciendo frases sencillas como "Kanzi, hacer cosquillas". Los estudios de lenguaje han revelado que las cuatro especies de póngidos pueden aprender el lenguaje de signos, aunque aún queda por descubrir algún uso normal del lenguaje en la naturaleza.

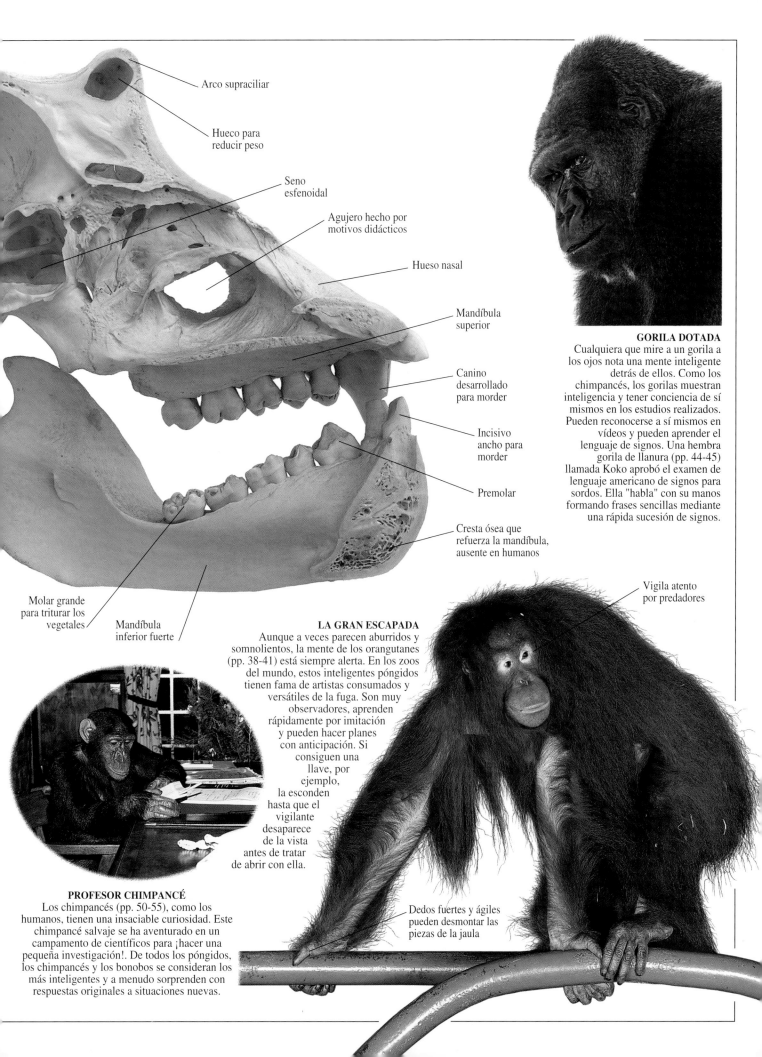

Arco supraciliar

Hueco para
reducir peso

Seno
esfenoidal

Agujero hecho por
motivos didácticos

Hueso nasal

Mandíbula
superior

Canino
desarrollado
para morder

Incisivo
ancho para
morder

Premolar

Cresta ósea que
refuerza la mandíbula,
ausente en humanos

Molar grande
para triturar los
vegetales

Mandíbula
inferior fuerte

GORILA DOTADA
Cualquiera que mire a un gorila a
los ojos nota una mente inteligente
detrás de ellos. Como los
chimpancés, los gorilas muestran
inteligencia y tener conciencia de sí
mismos en los estudios realizados.
Pueden reconocerse a sí mismos en
vídeos y pueden aprender el
lenguaje de signos. Una hembra
gorila de llanura (pp. 44-45)
llamada Koko aprobó el examen de
lenguaje americano de signos para
sordos. Ella "habla" con su manos
formando frases sencillas mediante
una rápida sucesión de signos.

Vigila atento
por predadores

LA GRAN ESCAPADA
Aunque a veces parecen aburridos y
somnolientos, la mente de los orangutanes
(pp. 38-41) está siempre alerta. En los zoos
del mundo, estos inteligentes póngidos
tienen fama de artistas consumados y
versátiles de la fuga. Son muy
observadores, aprenden
rápidamente por imitación
y pueden hacer planes
con anticipación. Si
consiguen una
llave, por
ejemplo,
la esconden
hasta que el
vigilante
desaparece
de la vista
antes de tratar
de abrir con ella.

Dedos fuertes y ágiles
pueden desmontar las
piezas de la jaula

PROFESOR CHIMPANCÉ
Los chimpancés (pp. 50-55), como los
humanos, tienen una insaciable curiosidad. Este
chimpancé salvaje se ha aventurado en un
campamento de científicos para ¡hacer una
pequeña investigación!. De todos los póngidos,
los chimpancés y los bonobos se consideran los
más inteligentes y a menudo sorprenden con
respuestas originales a situaciones nuevas.

El gran mono asiático

LOS ORANGUTANES SON LOS ÚNICOS póngidos realmente arborícolas. Viven en la profundidad de las pluvisilvas tropicales de Borneo y Sumatra, su nombre significa en malayo "persona de la selva" Los orangutanes son tímidos y solitarios y rara vez se relacionan unos con otros. El macho adulto ruge en grandes zonas de la selva y disuade a otros machos de entrar en su territorio con la emisión ocasional de una "llamada larga". Las hembras viven aparte de los machos, pero sus áreas solapan con el territorio de un macho dominante. Incluso si dos orangutanes coinciden en un sitio para comer, aparentan no darse por enterados. Pero datos recientes sugieren que conocen a sus vecinos y familiares cercanos pasan a veces ratos juntos. Pero, el número de interacciones sociales en un día de un grupo de chimpancés (pp. 52-53) ocuparía un año entero de la vida social de un orangután.

MACHO JOVEN
Entre los 10 y 15 años, los orangutanes macho como éste son de tamaño y corpulencia similar a las hembras. Alcanzan la madurez completa hacia los 20 años y sólo entonces desarrollan la bolsa en la garganta y los carrillos hinchados. También son más corpulentos y el pelo de los hombros y brazos se hace más largo. Pueden alcanzar los 60 años de edad.

El nódulo graso hace parecer más grande la cabeza

Cuerpo grande de hasta 90 kg

Pliegue de los carrillos de tejido firme y graso

Los carrillos hinchados de un macho de Borneo se separan en ángulo

Con pelo largo el orangután parece más grande de lo que es

PÓNGIDO PRIMITIVO
Este grabado del siglo XVIII de un orangután se parece mucho a un humano. Antes de hacerse estudios propiamente científicos de los primates, había mucha confusión en la Europa del XVIII sobre las distintas especies de póngidos. Surgieron dibujos extravagantes y fantásticos y a todos los seres parecidos a los póngidos se les llamaba orangutanes. Este orangután fue la mascota de un inglés, el capitán Daniel Beekman, que visitó Borneo en 1712.

FANTASMA DE LA SELVA
Un macho orangután adulto es un animal de aspecto singular. Su cabeza se agranda por los carrillos hinchados que se separan a ambos lados de la cara, y sus hombros están cubiertos de cortinas de pelo largo. Ambas características tienen por fin darle un aspecto impresionante, porque prefieren exhibir su fuerza a luchar. Cuando dos machos se encuentran, algo nada frecuente, se miran fijamente con agresividad, golpean ramas a su alrededor hasta que uno se retira o acaban luchando a su pesar.

El carrillo se separa lateralmente

Los pliegues forman un disco facial oval

Barba

EL VIEJO DE SUMATRA
Los orangutanes de Sumatra *(Pongo pygmaeus abelii)* (arriba) se diferencian ligeramente de sus primos de Borneo. *(Pongo pygmaeus pygmaeus)* Tienen un color de pelo más claro y los macho adultos tienen carrillos con colgajos planos y barbas prominentes.

LLAMADAS DE LARGA DISTANCIA
El macho orangután tiene una bolsa grande en la garganta que parece una papada (derecha). Esa bolsa amplifica las "llamadas largas", una serie de gruñidos y rugidos que advierten a los machos cercanos que se mantengan lejos. Esas llamadas se oyen a un kilómetro.

Bolsa en la garganta

AMIGOS Y PARIENTES
A diferencia de la mayoría de primates, los orangutanes tienen pocas oportunidades de aseo colectivo porque apenas se reunen. Pero los mellizos o los primos, como estas dos hembras, juegan a veces y se asean mutuamente cuando coinciden junto con sus madres para comer.

Las hembras no tienen los colgajos de los carrillos

Los dedos sujetan objetos o se agarran al pelo materno

La madre sujeta protectoramente al cachorro en sus brazos

La hembra orangután pesa hasta 50 kg

PROGENITOR SOLITARIO
Como los machos, las hembras orangután llevan también una vida bastante solitaria, pero suelen tener uno o dos hijos con ella. Aunque sólo nace una cría cada vez, suele nacer la siguiente antes de que la primera haya dejado a su madre. El intervalo entre nacimientos es de siete o mas años, pero el destete no llega hasta los cinco años y se quedan con su madre hasta cumplir los ocho. Estas familias pequeñas de un sólo padre son la unidad social más habitual en la comunidad de orangutanes.

Pelo más corto que el de un macho adulto

Los guardabosques

LOS ORANGUTANES ADORAN la fruta. Suelen recorrer varios kilómetros cuadrados de selva en busca de árboles de fruta madura. Si encuentran uno, no proclaman el hallazgo a otros sino que comen silenciosamente hasta que se hartan. Una razón que explicaría su vida solitaria sería su enorme apetito. Si los orangutanes viviesen en grupo, dejarían un árbol pelado de fruta y se produciría un desabastecimiento de comida. En las selvas tropicales, los frutales crecen muy separados, por eso comer sólo es una ventaja para los orangutanes hambrientos. Algunos frutales tienen fruta regularmente, pero otros sólo cada dos o tres años. Los orangutanes jóvenes deben aprender cómo y dónde encontrar comida y tienen una larga educación sobre la jungla.

Brazos largos y fuertes le dan una envergadura de 2,4 m.

PASITO A PASITO
Trepar con habilidad a los árboles es una cuestión de práctica para los pequeños orangutanes que son muy tímidos cuando empiezan.

BUENOS ALUMNOS
Después de observar atentamente a sus madres, lo intentan por sí mismos hasta conseguir encaramarse y balancearse en los árboles con confianza.

BAJAR A TIERRA
Los cachorros son muy vulnerables en el suelo, por eso rara vez bajan a tierra. Si tienen que andar, van agachados apoyándose sobre sus manos y pies semidoblados.

LARGO APRENDIZAJE
Los orangutantes tienen la infancia más larga de los primates. Están con su madre hasta los ocho años. Durante ese tiempo aprenden de sus madres a sobrevivir en la selva. Los cachorros van a la espalda de la madre hasta que son ya fuertes para explorar los árboles próximos.

COLUMPIARSE
Los orangutanes son unos versátiles trepadores. Usan sus fuertes manos y pies en forma de gancho sobre los que distribuyen su peso. Los cachorros son activos y juguetones y disfrutan practicando acrobacias en los árboles. Pero, a medida que crecen y pesan más se mueven más lentamente y pasan más tiempo sentados, dormitando o columpiandose.

Carne dulce y cérea

Cáscara dura y purpúrea

MANGOSTANES
El orangután usa sus grandes incisivos y manos fuertes para abrir frutas de cáscara dura como estos mangostanes (*Garcinia mangostana*).

Fruto blanco y duro

Espinas blandas

Rambután
(*Nephelium lappaceum*)

El orangután se cuelga de sus brazos para alcanzar frutos

PASEO EN EL CIELO
Un pesado orangután no suele arriesgarse a saltar entre árboles. Tiene una mano firmemente agarrada a una rama mientras trata de alcanzar otra más alejada. Si la rama es fina, la acerca hasta que consigue un apoyo más seguro. Entonces, transfiere cuidadosamente el peso de una a otra rama. Un cálculo erróneo tiene consecuencias fatales a 40 m de altura.

Se lleva fruta a la boca con el pie y la mano indistintamente

NIDO DE ORANGUTÁN
Cada atardecer el orangután se hace un nido confortable para dormir en él. Elige un árbol adecuado, preferiblemente en horquilla, y entonces trenza unas hojas que sirven como sostén y relleno.

El pie en forma de gancho es útil para asirse, no para andar

Pulpa cremosa y muy nutritiva

PREMIO ESPINOSO
El durion espinoso (*Durio zibethinus*), rico en proteínas e hidratos de carbono, es la comida favorita del orangután. Esta fruta tiene una reputación ambigua entre los humanos por su olor desagradable.

Piel espinosa de intenso mal olor

El pie sirve para asirse a ramas o agarrar fruta

Hembra joven con pelaje denso

LLUEVE FRUTA
Esta fruta verde y dura no es apetitosa para un cachorro hasta que aprende a comerla: primero morder un extremo, luego apretarla fuerte entre los dientes, y chupar el interior blando. Con práctica, los orangutanes atrapan y comen estas frutas que caen tan rápido al suelo de la selva que parece granizo verde.

EXPERTO EN FRUTAS
Cuando el orangután llega a la madurez, sobre los 10 años, es capaz de reconocer más de 200 plantas comestibles diferentes. Para sobrevivir en la selva necesita saber dónde encontrar la comida, qué partes de la fruta son comestibles y cuándo los frutales están en sazón. Parecen tener "un mapa mental" con la situación de los distintos frutales y cuándo maduran sus frutos. Aprenden esa información de sus madres y por sí mismos pero no la comparten con otros orangutanes.

El rey de los monos

CUANDO SE HABLÓ por primera vez a mediados del siglo XIX de un "monstruo casi humano" se creó una conmoción en la comunidad científica. Los nativos africanos conocían a los gorilas desde hacia siglos, pero sus historias eran consideradas por los científicos como cuentos de viajeros. Tristemente, durante más de un siglo, los cazadores deportivos fueron los únicos en ir en su busca como trofeo de caza. No sorprende que éstos conocieran principalmente su conducta de amenaza, ya que los grandes lomos plateados trataban en vano de proteger sus familias de las balas de los cazadores. Pero desde 1960 científicos desarmados han visto aspectos del gorila mucho más amables. Sus estudios han revelado a un pacífico vegetariano que ama la vida tranquila.

BOSTEZO DISUASORIO
Un bostezo puede significar más que un gorila cansado. Bostezan a menudo cuando están nerviosos. Al hacerlo enseñan sus dientes afilados, advirtiendo a su agresor que no debe molestar o retar a su dueño.

ESTRELLA DE LA PANTALLA
La película del monstruo King Kong, que aquí se ve luchando con un pterodáctilo, se basaba en las ideas populares, y malinformadas, sobre el gorila.

EN GUARDIA
El gorila de montaña lomo plateado (pp. 46-47) se pavonea mostrando su fuerza. Los machos adultos son casi el doble de grande que las hembras porque su tarea es defender a la familia de las amenazas. Cualquiera que sea el peligro, leopardo, cazador humano u otro gorila hostil, el jefe se colocará entre su familia y el agresor.

Piernas robustas para sostener su gran peso

SENTADO PARA CENAR
Los gorilas son vegetarianos y suelen comer sentados. Doblan sus piernas cortas sobre los pies de modo que sobresalen sus enormes y orondos vientres entre las rodillas. Entonces seleccionan algunas plantas al alcance de sus largos brazos. Una vez han terminado se mueven hacia otro sitio donde haya más plantas apoyándose sobre sus nudillos y estirando sus piernas.

PAPÁ ES EL MÁS FUERTE
El primate mayor de la Tierra es el poderoso lomo plateado. Se llaman así porque los machos adultos tienen un zona en forma de sillín de pelo gris plateado que aparece a los 11 ó 12 años, cuando llega a la madurez. Otros signos de madurez son el pecho musculoso y sin pelo, una cresta ósea en el cráneo y un pelaje denso en los brazos, todo ello con el fin de parecer aún más grande. Este lomo plateado de la llanura occidental tiene 19 años, pesa más de 180 kg y mide 1,78 m de pie.

Los robustos
músculos del cuello
dan un aspecto cónico
a la cabeza

Cresta ósea

Arco supraciliar sobre
los ojos protege a
éstos de golpes

Caninos afilados
para desgarrar
comida o luchar

Incisivos anchos para
triturar la comida

Mandíbula
fuerte

Arcos ciliares
sobresalientes

CRÁNEO
El cráneo de un lomo plateado es fuerte y bien
protegido. La pesada mandíbula está reforzada
por músculos enormes unidos a una cresta
ósea sobre de la cabeza.

El patrón de surcos de
piel sobre la nariz varía
en cada gorila

EL REY DE LA JUNGLA
El macho gorila es famoso por
sus golpes de pecho, exhibición
que hace para intimidar a los
rivales o impresionar a las
hembras. Cuando lo hace, da una
serie de gritos, antes de alzarse
sobre sus su pies y golpear su
pecho con las manos cerradas en
forma de cuenco, no con los
puños, haciendo un sonido hueco.
Entonces ataca, primero sobre
dos piernas y luego a cuatro
patas antes de golpear el
suelo con sus manos.

Gorila apoyado
sobre los nudillos

FUERZA BRUTA
Aunque los gorilas andan sobre todo a
cuatro patas (p.9), suelen ponerse de pie
para alcanzar algo, otear sobre la
vegetación o golpearse el pecho. Un lomo
plateado alzado puede medir hasta 2 m de
altura, un aspecto dirigido a asustar a
cualquier posible agresor. Hay que añadir
la corpulencia que dan los músculos
robustos sobresaliendo como cinturones.

El pulgar
del pie puede
asirse a las
ramas al trepar

El pelo crece
sobre la mano
hasta los nudillos

La vida familiar del gorila

LOS GORILAS DE LAS LLANURAS OCCIDENTALES *(Gorilla gorilla gorilla)* han de trabajar más duramente para conseguir su comida que sus primos de la montaña (pp. 46-47). Viven en pluvisilvas tropicales, donde hay menos plantas nutritivas a ras de suelo que en los bosques montañosos más abiertos. Por ello deben viajar grandes distancias para encontrar alimento. Su día empieza al amanecer cuando se levantan y van a la selva. Los gorilas comen mientras andan, pero si encuentran un árbol con fruta madura, trepan a las ramas para comerla. Una vez están hartos, fabrican nidos diurnos en el suelo para reparar fuerzas. Después de descansar unas 2 ó 3 horas, el grupo vuelve a la selva hasta el atardecer recogiendo plantas por el camino. Cuando un jefe lomo plateado decide parar, cada gorila hace un nuevo lecho y se echa a dormir.

HÁBIL TREPADOR
Este cachorro trepa por un armazón de juego en un zoo. Durante muchos años se creía que pesaban demasiado para trepar, hasta que los estudiaron en su medio. Incluso los adultos son sorprendentemente ágiles y trepan muy alto para conseguir fruta madura.

Grabado del siglo XIX de una familia de gorilas

El moño blanco de la cola ayuda a localizar al cachorro en la selva

MORDISCO RÁPIDO
Los gorilas se ponen en cuclillas para recoger una fruta caída o si la comida es tan escasa que no vale la pena sentarse. Es también una postura útil si come las terribles hormigas soldado porque el cuerpo se expone lo menos posible a sus dolorosos mordiscos.

Los jóvenes pierden el moño blanco

Dedos ágiles para agarrar fruta

HORA DE MARCHARSE
Un grupo de gorilas de las llanuras occidentales suele tener entre 5 y 15 miembros. Además del lomo plateado, puede haber uno o dos machos adultos jóvenes, varias hembras adultas y varios jóvenes y cachorros. Las hembras como ésta pueden dejar a sus padres y unirse a otro grupo para evitar la consanguinidad.

Al andar descansa el peso sobre los nudillos

GORILAS ESBELTOS
Entre los gorilas no es insano tener un vientre orondo. Precisamente significa que su portador tiene una dieta de saludables y abundantes vegetales. Muchos gorilas de zoo (derecha) parecen más esbeltos que los salvajes pero se debe a que suelen estar alimentados con piensos concentrados y comen menos frutas y plantas.

EN LA CIMA DEL PODER
El gran lomo plateado es el jefe absoluto. Toma todas las decisiones cotidianas del grupo y además puede escoger entre las hembras núbiles. Las luchas serias entre los gorilas macho son raras, pero el lomo plateado puede rechazar a otro macho al llegar a la madurez alrededor de los 11 ó 12 años. El macho más joven puede abandonar el grupo y entonces vivirá sólo o con otros machos hasta que pueda formar su clan.

El pecho desnudo es signo de madurez

El cachorro observa el mundo desde una atalaya segura

EXPLORADOR DE LA SELVA
Un joven gorila aprende a andar a los 5 ó 6 meses. Cuando tiene 18 meses, como este gorila, puede seguir a su madre cortas distancias, apoyando a veces la mano sobre las nalgas de aquélla por seguridad. Cuando tiene dos años, ya tiene confianza para seguir al grupo por sí mismo. Pero sigue cerca de su madre para subir a su espalda si se cansa o se asusta.

La madre mastica mientras camina

Se tumba para arrancar con sus dientes alguna planta difícil

EN CAMINO
El lugar más seguro para un cachorro es la espalda de su madre cuando viaja por la selva. Desde ahí observa a los otros miembros del grupo siguiendo la ancha espalda plateada del jefe por el suelo de la selva. Los cachorros dependen de sus madres para viajar hasta que tienen 2 años y medio ó 3, en que ya pueden caminar por sí mismos distancias largas.

Comida recogida durante el camino

Vientre orondo

DESAYUNO EN LA CAMA
Si al despertar el gorila tiene la comida al alcance, desayunará en la cama antes de partir. El gorila lomo plateado decide cada día el ritmo y la dirección del viaje e indica el momento adecuado para parar y reposar. Aunque parece despreocupado, el jefe está atento a los posibles peligros durante el viaje.

Los gorilas de montaña

La vida para los gorilas de montaña (*Gorilla gorilla beringei*) es muy parecida a un picnic sin fin donde el placer de comer sólo se interrumpe para jugar, explorar, dormir o por algún aguacero ocasional. Estos monos indolentes han sido el centro de muchos estudios científicos porque parecen menos temerosos de los humanos que sus primos de tierras bajas, y son relativamente fáciles de seguir en su hábitat boscoso. Pero la existencia pacífica de los gorilas de montaña está amenazada, debido a la caza, la reducción de su hábitat y la guerra. Por eso son una de las especies de mamíferos más amenazadas. En 1925, su hogar en las selvas montañosas de los volcanes Virunga se declaró parque nacional, el primero de África. Ahora quedan menos de 650 gorilas de montaña en el mundo.

GUARDIÁN DE GORILAS
La fallecida Dra. Dian Fossey (1932-1985) es una de las más famosas investigadoras sobre gorilas de montaña. Se ganó su confianza aprendiendo a imitar sus sonidos y gestos. Estos dos cachorros huérfanos, que cuidó hasta sanarlos después de que unos furtivos hubieran matado a sus padres, le enseñaron algunos sonidos suaves de satisfacción. Así era capaz de calmar a los gorilas salvajes asustados hablando su mismo "lenguaje".

ATALAYA
Los gorilas están casi siempre en el suelo, pero suben a los árboles a menudo para buscar fruta, corteza u hojas, o para ver a lo lejos.

Pelaje grueso y denso le aisla de la fría lluvia

Los juegos de pelea parecen feroces pero rara vez terminan en heridas

JUEGOS
Como los niños, los gorilas jóvenes pasan mucho tiempo jugando y conociéndose unos a otros. Juegos como "sigue al jefe", pilla-pilla o las simples peleas inocentes, ayudan a desarrollar su fuerza y coordinación.

GORILAS BAJO LA LLUVIA
La niebla del famoso libro de Dian Fossey, *Gorilas en la niebla*, suele volverse lluvia. Atrapado en un aguacero a 3.000 m de altitud, un gorila no puede hacer gran cosa más que sentarse a esperar que cese. Su grueso pelaje le aisla de la lluvia que corre por la capa de pelo más externa. Las madres abrazan a sus crías con sus peludos brazos para mantenerlos calientes y secos.

Zarza
(Rubus sp.)

Los gorilas
comen hojas
y bayas

Apio silvestre
(Peucedanum sp.)

Hojas de acedera
(Rumex sp.)

Los
gorilas
comen
sólo la raíz

Carne leñosa

Políporo escamoso

Los sociables
gorilas se
sientan próximos

Joven gorila trepa
juguetonamente
sobre un adulto

MODALES EXQUISITOS
Los gorilas son muy melindrosos y
preparan cuidadosamente cada bocado a
su gusto. Eligen y recogen plantas
frescas del suelo. Esta hembra adulta
acaba de arrancar y pelar un tallo
largo, crujiente y hueco de
apio silvestre.

DIETA DIARIA
Los gorilas de montaña no
tienen que moverse mucho
para comer. El clima fresco y
lluvioso de la montaña favorece la
vegetación densa, así que está
rodeado de comida. La dieta básica la
componen el galio, apio silvestre, ortigas y
cardos. Tentaciones especiales son el bambú,
el políporo escamoso o las zarzas.

Una hembra dormita
en un confortable
nido diurno

SIESTA
Al atardecer, después
de la merienda los
gorilas suelen hacer un
nido en el suelo. Cada
gorila mayor de cuatro
años se hace su propio
nido todas las noches,
donde duerme hasta la
mañana. Por el día
hacen nidos más
pequeños al final de la
mañana donde sestean
bajo el sol o se
apretujan bajo la lluvia.

JUGAR CON LOS PEQUEÑOS
Cuando los gorilas están comiendo
suelen dispersarse para evitar conflictos
en la elección de comida. Pero al final
de la mañana, hartos, se sientan a
reposar. Es el momento para la
vida social, el aseo mutuo y
jugar con los pequeños; de
hecho, no es raro ver a
algún cachorro
golpeando o saltando
sobre un bonachón lomo
plateado.

Padres devotos

LOS PRIMATES SON PADRES EXCELENTES. La mayoría sólo tiene una cría a la vez, y uno o los dos padres le cuidan bien hasta que es mayor para hacerlo por sí mismo. Como todos los primates, la cría es diminuta y vulnerable. Depende totalmente de su madre que le da calor, comida y protección. Mama de su madre hasta el destete a los dos años, aunque empieza a tomar comida sólida a los seis meses. El gorila tiene una infancia larga porque debe aprender a sobrevivir en la selva y a vivir en un grupo social. Permanece cerca de su madre, duerme en su nido hasta los tres o cuatro años en que se convierte en un miembro independiente en el grupo. Incluso entonces, el gorila joven a menudo busca protección y apoyo en su madre.

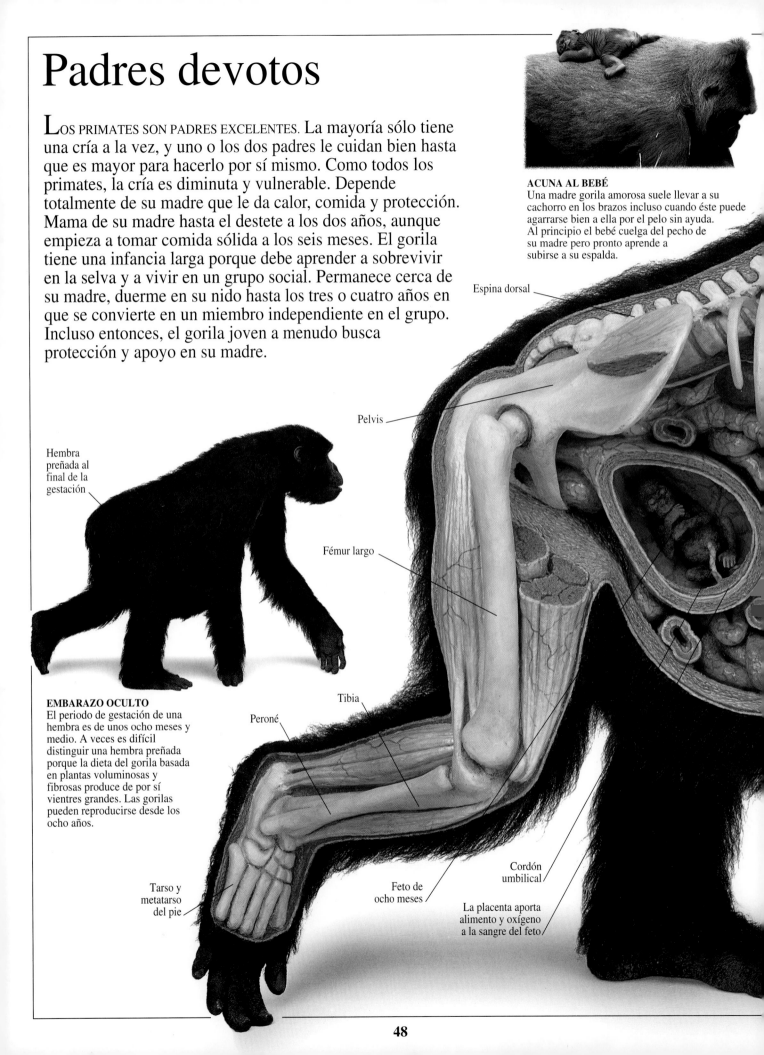

ACUNA AL BEBÉ
Una madre gorila amorosa suele llevar a su cachorro en los brazos incluso cuando éste puede agarrarse bien a ella por el pelo sin ayuda. Al principio el bebé cuelga del pecho de su madre pero pronto aprende a subirse a su espalda.

Espina dorsal

Pelvis

Hembra preñada al final de la gestación

Fémur largo

Tibia

Peroné

EMBARAZO OCULTO
El periodo de gestación de una hembra es de unos ocho meses y medio. A veces es difícil distinguir una hembra preñada porque la dieta del gorila basada en plantas voluminosas y fibrosas produce de por sí vientres grandes. Las gorilas pueden reproducirse desde los ocho años.

Tarso y metatarso del pie

Feto de ocho meses

Cordón umbilical

La placenta aporta alimento y oxígeno a la sangre del feto

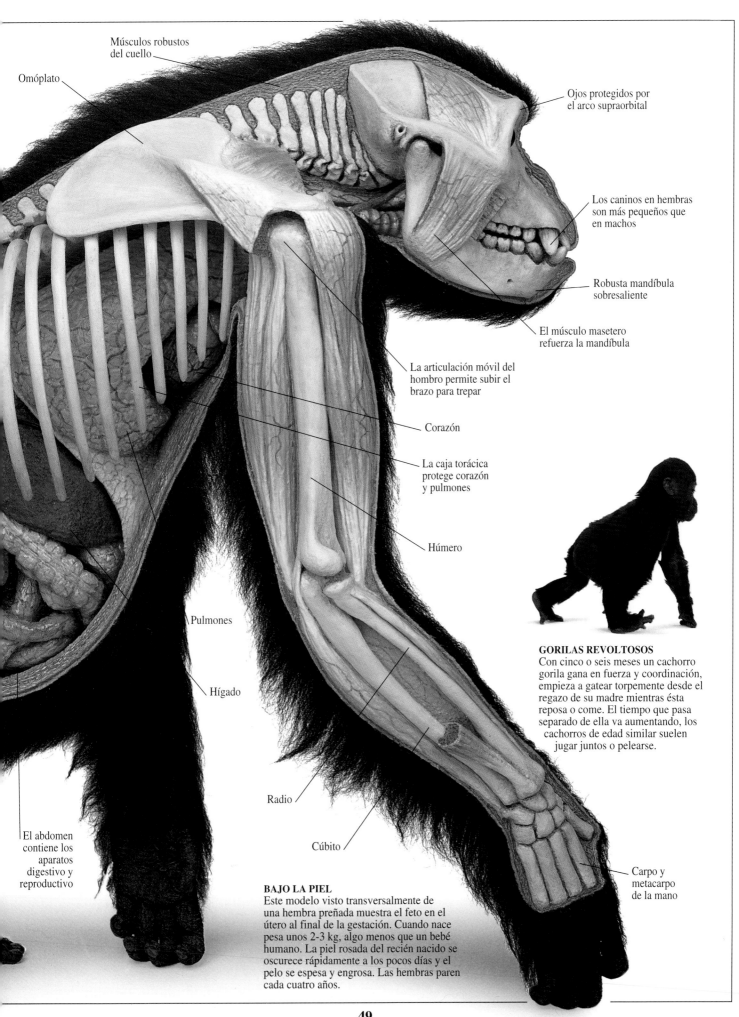

Músculos robustos
del cuello

Omóplato

Ojos protegidos por
el arco supraorbital

Los caninos en hembras
son más pequeños que
en machos

Robusta mandíbula
sobresaliente

El músculo masetero
refuerza la mandíbula

La articulación móvil del
hombro permite subir el
brazo para trepar

Corazón

La caja torácica
protege corazón
y pulmones

Húmero

Pulmones

Hígado

GORILAS REVOLTOSOS
Con cinco o seis meses un cachorro
gorila gana en fuerza y coordinación,
empieza a gatear torpemente desde el
regazo de su madre mientras ésta
reposa o come. El tiempo que pasa
separado de ella va aumentando, los
cachorros de edad similar suelen
jugar juntos o pelearse.

Radio

Cúbito

El abdomen
contiene los
aparatos
digestivo y
reproductivo

Carpo y
metacarpo
de la mano

BAJO LA PIEL
Este modelo visto transversalmente de
una hembra preñada muestra el feto en el
útero al final de la gestación. Cuando nace
pesa unos 2-3 kg, algo menos que un bebé
humano. La piel rosada del recién nacido se
oscurece rápidamente a los pocos días y el
pelo se espesa y engrosa. Las hembras paren
cada cuatro años.

El chimpancé

LOS CHIMPANCÉS SON LOS PÓNGIDOS favoritos de mucha gente aunque no son tan cariñosos como a menudo se les representa. Los chimpancés son animales inteligentes y capaces que viven en sociedades complejas (pp. 52-53). A menudo cooperan para cazar otros animales e incluso se les ha visto emprender una guerra a su modo. Poseen notables habilidades instrumentales (pp. 54-55) y son capaces de adaptarse tanto a zonas de selva como de sabana del centro y oeste de África. Pero lo que más fascina de ellos es su estrecha relación con los humanos. No sólo se parecen a nosotros sino que a veces actúan también de forma parecida.

ERROR DE IDENTIDAD
Los chimpancés son propensos a la calvicie y ello condujo a algunos errores en el pasado. Cuando el cazador del siglo XIX Paul du Chaillu (p. 62) vió uno calvo pensó que era una especie nueva y lo llamó "koola-kamba".

COLOR DE CARA
La cara del chimpancé común tiene colores diversos. Los cachorros de una raza del este (*Pan troglodytes schweinfurthii*) tienen la cara rosada y en una del oeste (*Pan troglodytes verus*) tienen como un antifaz oscuro alrededor de los ojos, además hay gran variación individual.

MIRADA PENETRANTE
El chimpancé tiene una frente peluda y sin cejas, al revés que el hombre, pero en ambos casos se atrae la atención a los ojos. Como los humanos, tienen caras expresivas con las que se comunican y sus ojos envían señales importantes.

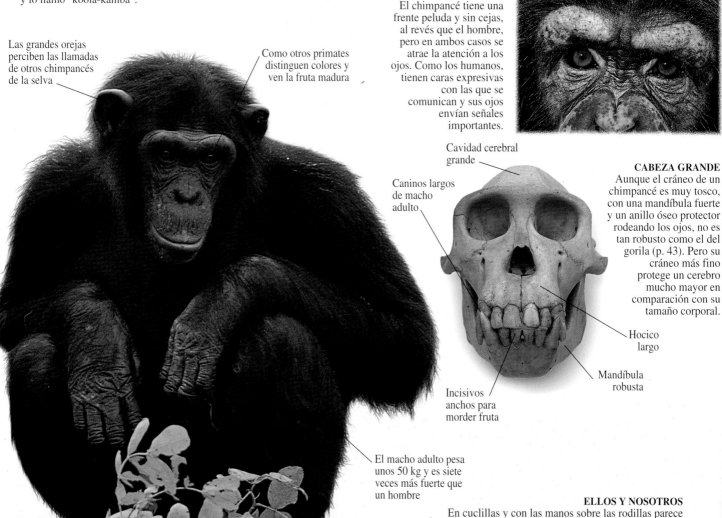

Las grandes orejas perciben las llamadas de otros chimpancés de la selva

Como otros primates distinguen colores y ven la fruta madura

Cavidad cerebral grande

Caninos largos de macho adulto

CABEZA GRANDE
Aunque el cráneo de un chimpancé es muy tosco, con una mandíbula fuerte y un anillo óseo protector rodeando los ojos, no es tan robusto como el del gorila (p. 43). Pero su cráneo más fino protege un cerebro mucho mayor en comparación con su tamaño corporal.

Hocico largo

Mandíbula robusta

Incisivos anchos para morder fruta

El macho adulto pesa unos 50 kg y es siete veces más fuerte que un hombre

ELLOS Y NOSOTROS
En cuclillas y con las manos sobre las rodillas parece casi humano. Investigaciones recientes sugieren que chimpancés y bonobos (p. 56-57) están más emparentados con los humanos que otros póngidos. Algunas expresiones y gestos se asemejan mucho a los nuestros, pero es importante no interpretar su conducta como si fuera la nuestra. Muchas expresiones, como enseñar los dientes, tienen un significado totalmente distinto en la sociedad chimpancé.

Los ojos tienen una mirada suplicante

Un chimpancé comprueba la madurez de la fruta

Alarga la mano pidiendo comida

Su peso descansa sobre los nudillos (p. 9)

DESAYUNO EN LAS RAMAS
Los chimpancés pasan mucho tiempo en los árboles buscando fruta, la base de su dieta. Les gusta trepar y suspenderse de ambos brazos como los gibones (pp. 30-31), aunque no pueden moverse así grandes distancias. A menudo se desplazan hasta 6,4 km por día en busca de fruta, la mayor parte caminando sobre el suelo.

Los cachorros nacen con piel rosada

VIGILANDO CON MAMÁ
Como los otros póngidos, los chimpancés tienen una infancia larga en la que aprenden las normas sociales y cómo sobrevivir en la selva. Dependen totalmente de su madre hasta que cumplen unos cinco años e incluso después de haber cumplido unos 13 años, ya maduros, pasan mucho tiempo con ella.

ESTADISTA ANCIANO
Los chimpancés pueden alcanzar los 50 años. En su sociedad (pp. 52-53) a los miembros ancianos les tratan con respeto aunque su fuerza haya disminuído. Los más jóvenes suelen asearlos y compartir con ellos los festines, como alguna fruta o carne especiales. Este viejo macho extiende su mano pidiendo un bocado.

Este joven ensaya un nido doblando la rama con hojas para hacerse una cómoda plataforma

LA PRÁCTICA LO ES TODO
Los jóvenes aprenden a desenvolverse sólos observando e imitando a sus madres. Así observa cada noche cómo su madre hace el nido en un árbol para los dos. Después jugará a fabricar un nido, perfeccionando su técnica y aprendiendo a elegir los sitios mejores para hacerlo. Cuando su madre tenga otro cachorro, unos cinco años después, se verá forzado a prepararse su propio nido para dormir.

Un mono extrovertido

LOS CHIMPANCÉS SON MUY SOCIABLES y viven en grupos grandes de 80 o más miembros. No pasan todo el tiempo juntos, sino que forman pequeños grupos para comer y siguen sendas conocidas dentro de su región de origen. Un chimpancé puede pasar solo un día entero, o juntarse con otros a lo largo del día, yéndose primero tras un grupo y luego tras otro. El encuentro de dos grupos es siempre ruidoso y emocionante. Los amigos y parientes se saludan con gritos, abrazos y saltos, mientras que los rivales se aproximan con cautela. La sociedad es muy compleja y la jerarquía cambia constantemente. Es de gran importancia conocer a los miembros de rango superior y tratarlos con respeto. Los chimpancés también aprenden a adivinar los sentimiento de cada uno interpretando los sutiles signos que expresan sus sonidos, gestos y actitudes.

¡EN SUS MARCAS!
Gritos fuertes y nerviosos resuenan por la selva cuando un chimpancé encuentra un árbol cargado de fruta. Cualquier chimpancé que lo oiga correrá a compartir el festín. Compartir tal hallazgo es siempre ventajoso porque en otra ocasión él puede ser el beneficiado.

BUSCAR UN HOGAR
Una madre chimpancé joven suele establecerse en la misma zona que su madre, si hay comida suficiente. Debe ser respetuosa con las hembras de mayor rango que ya viven allí, pero a medida que es aceptada puede unirse con otras hembras formando una "guardería". Su rango aumenta con la edad y el número de hijos.

Una hembra muestra respeto ante el macho dominante

El macho dominante es centro de atención

CONSPIRACIÓN
En la sociedad chimpancé masculina, el rango depende tanto del cerebro y la personalidad como de la fuerza. Pero un macho de rango superior necesita un grupo de apoyo cuya lealtad debe luchar por mantener. Un macho dominante suele contar con la amistad de uno o dos machos que le acompañan siempre y le respaldan en las disputas. Otros forman cuadrillas rivales, pero aunque siempre hay juegos de poder y confrontaciones entre ellos, a menudo se reúnen en sesiones masivas de aseo mutuo para pacificar las relaciones.

UNA PRESA FAVORITA
Los chimpancés también comen carne, además de frutas y plantas, y el colobo rojo (arriba) es una de sus presas favoritas. Los chimpancés son predadores astutos y mortíferos que suelen formar cuadrillas de caza para capturar monos, pequeñas gacelas y jabalíes de matorral.

DESPUÉS DE LA CAZA
Este cazador afortunado come carne de mono con hojas. Los chimpancés de África Occidental cazan colobos en partidas rápidas con un sorprendente grado de coordinación entre los participantes. Una vez divisan los monos en los árboles, un grupo les conduce hacia el lugar donde el otro grupo aguarda emboscado. Pero en Tanzania, suelen cazar en solitario trepando arteramente hasta caer sobre su presa. Una vez capturada la desmembra con voracidad.

TIEMPO DE JUEGOS
Los cachorros reciben el alimento principal de la leche materna, por eso tienen mucho tiempo libre para jugar. Se persiguen, pelean, saltan y se balancean fortaleciendo así sus músculos y aprendiendo las reglas de la sociedad chimpancé.

HAGAMOS LAS PACES
Después de un infructuoso desafío a un macho dominante, el perdedor adopta una actitud sumisa: encogido y de espaldas. El macho dominante (derecha) le muestra su confianza tocándole suavemente en la espalda. Estas actitudes son comunes cuando machos de alto y bajo rango se saludan entre sí.

YO TE RASCO, TÚ ME RASCAS
El aseo es una de las actividades más importantes en su vida social. Mediante el aseo mutuo, se refuerzan los lazos familiares y amistosos y se olvidan viejas disputas. Peinan concienzudamente con sus dedos el pelo del otro cogiendo cualquier suciedad, ramita o piojo que encuentran y limpian los cortes y arañazos. Una sesión de aseo suele durar una hora, pero si se unen más chimpancés puede prolongarse.

El pelo se eriza para darle aspecto amenazador

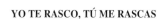

El chimpancé joven ve al macho dominante como su modelo

EN POSICIÓN
El rango no se hereda de los padres. Hay un cambio constante de jerarquía en la sociedad y ello acarrea con frecuencia disputas como ésta. Como vaqueros en un salón del Oeste, estos dos chimpancés se amenazan midiéndo sus fuerzas respectivas. El más joven, en la izquierda, refuerza su confianza con resoplidos mientras que el macho más grande y seguro de sí mismo permanece quieto y alerta a cualquier movimiento. Muchos desafíos parecidos se solventan con exhibiciones de amenaza y nunca van a más.

El gran ingeniero

LOS CHIMPANCÉS SON LOS INGENIEROS del mundo simio. Son muy habilidosos fabricando y usando gran variedad de herramientas para diversos propósitos. Aunque otros animales también usan herramientas no son tan versátiles como ellos. Los chimpancés cuidadosamente eligen, preparan y adaptan sus herramientas para un propósito concreto y las llevan a sitios particulares con premeditación. Suelen usar palos y piedras. Se sirven de palos para urgar en nidos de insectos o explorar algo de lo que desconfían; usan las piedras como martillos para cascar nueces o las arrojan contra predadores o rivales. Suelen usar ramilletes de hojas para asearse, limpiando la suciedad de su pelo o de sus manos pegajosas de la pulpa de las frutas. También se les ha visto limpiando sus dientes con palitos o usando estos para quitarse un diente picado.

ESPONJA DE HOJAS
Los chimpancés saben cómo beber agua de lluvia de agujeros de los árboles mojando en ellos un manojo de hojas. Los más expertos mastican las hojas primero para que absorban mejor el agua.

¡FUERA DE AQUÍ!
Suelen usar palos o piedras como armas arrojadizas contra predadores o grupos rivales.

MONOS MAÑOSOS
Su gran habilidad diseñando y usando las herramientas se debe a la combinación de unos dedos fuertes y precisos y a una mente creativa. Esas son las cualidades responsables del éxito de cualquier especie y por ello los científicos se interesan especialmente en la habilidad instrumental del chimpancé.

La mano fuerte agarra con firmeza el coco

Chimpancé urgando con un palo

FONDO ROCOSO
Este chimpancé usa una roca del fondo del arroyo como yunque sobre el que cascar el coco. No temen el agua y los cachorros a veces sumerjen un palo en el remolino del agua para observar las ondas a su alrededor.

PALOS LISTOS
Los palos tienen muchas finalidades. Los usan para abrir los nidos de insectos, los nidos de abejas bajo el suelo o explorar agujeros en los árboles. El chimpancé suele meter el palo en una abertura y luego lo saca y lo olisquea para averiguar qué hay en su interior.

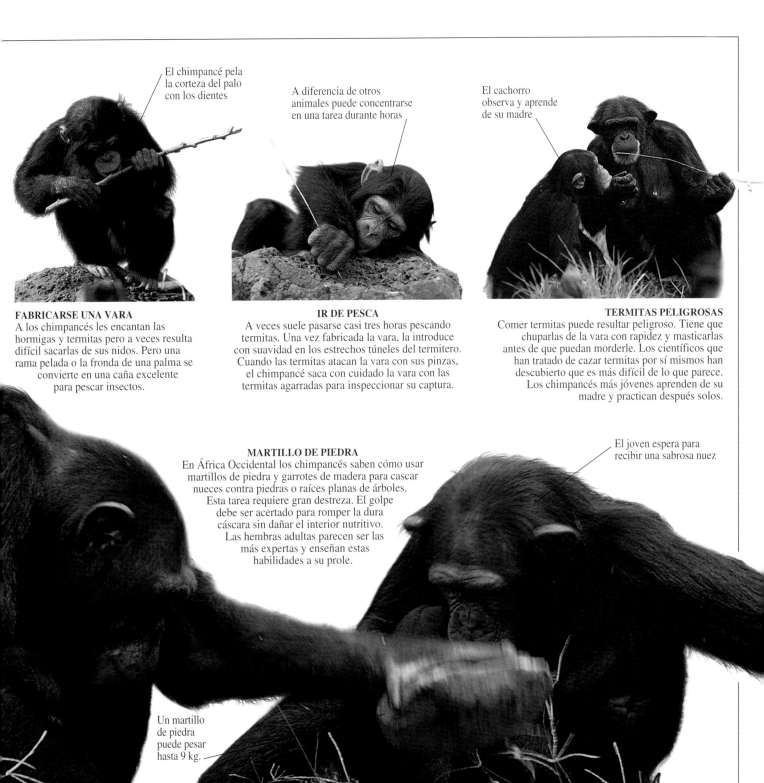

El chimpancé pela
la corteza del palo
con los dientes

A diferencia de otros
animales puede concentrarse
en una tarea durante horas

El cachorro
observa y aprende
de su madre

FABRICARSE UNA VARA
A los chimpancés les encantan las
hormigas y termitas pero a veces resulta
difícil sacarlas de sus nidos. Pero una
rama pelada o la fronda de una palma se
convierte en una caña excelente
para pescar insectos.

IR DE PESCA
A veces suele pasarse casi tres horas pescando
termitas. Una vez fabricada la vara, la introduce
con suavidad en los estrechos túneles del termitero.
Cuando las termitas atacan la vara con sus pinzas,
el chimpancé saca con cuidado la vara con las
termitas agarradas para inspeccionar su captura.

TERMITAS PELIGROSAS
Comer termitas puede resultar peligroso. Tiene que
chuparlas de la vara con rapidez y masticarlas
antes de que puedan morderle. Los científicos que
han tratado de cazar termitas por sí mismos han
descubierto que es más difícil de lo que parece.
Los chimpancés más jóvenes aprenden de su
madre y practican después solos.

MARTILLO DE PIEDRA
En África Occidental los chimpancés saben cómo usar
martillos de piedra y garrotes de madera para cascar
nueces contra piedras o raíces planas de árboles.
Esta tarea requiere gran destreza. El golpe
debe ser acertado para romper la dura
cáscara sin dañar el interior nutritivo.
Las hembras adultas parecen ser las
más expertas y enseñan estas
habilidades a su prole.

El joven espera para
recibir una sabrosa nuez

Un martillo
de piedra
puede pesar
hasta 9 kg.

El cuarto gran mono

En las remotas profundidades de las pluvisilvas del centro de Zaire, África, vive el menos conocido de los póngidos: el chimpancé pigmeo o bonobo *(Pan paniscus)*. Este fue el último póngido identificado por los científicos en 1929. Antes de ello se consideraban otra clase de chimpancé común (pp. 50-51). Aunque se les llame chimpancés pigmeos, su tamaño es similar al chimpancé común, pero tienen cabezas más pequeñas y cuerpos más esbeltos y gráciles. Ambos comparten modos de vida parecidos excepto en una o dos cosas. Los bonobos pasan más tiempo en los árboles y forman comunidades más estrechas donde las hembras juegan un papel más dominante.

La calvicie es común en póngidos cautivos

UN ORGULLOSO MATRIARCADO
Esta hembra bonobo del Zoo de San Diego en California (Estados Unidos) se llama Lana. Es famosa por su inteligencia y aptitud como madre. En la sociedad bonobo las hembras forman el núcleo estable del grupo, a diferencia de la sociedad chimpancé, donde los machos están más afianzados (pp. 52-53).

Brazos esbeltos y hombros estrechos le dan aspecto flaco y desgarbado

Pelaje negro sedoso

CRIATURAS REFINADAS
Es fácil diferenciar a un bonobo de un chimpancé común. Una raya en el cráneo del bonobo divide el pelo que cae a ambos lados de la cara. Tiene también una cabeza algo más pequeña, una cara oscura y labios rojos.

BUENOS AMIGOS
Los bonobos son muy sociables. Las hembras adultas establecen lazos firmes de amistad que se refuerzan mediante abrazos y aseo mutuo.

Jugar en los árboles fortalece los músculos y mejora la coordinación

Raya al medio característica

Cuerpo flaco y flexible

TREPAR ALTO
Un cachorro come feliz en lo alto de un árbol. Los bonobos pasan mucho tiempo comiendo en la copa de los árboles; la fruta es la base de su dieta.

El cachorro recibe impulso de su madre

GUÍA MATERNA
Este cachorro aprende de su madre a reconocer una de las 300 plantas de su dieta y qué partes son comestibles. Aunque las frutas, tallos y hojas son la base de su dieta también cazan pequeñas gacelas.

HOMBRECILLO
A juzgar por este dibujo de la época, el primer póngido llegado a Europa en el siglo XVII fue probablemente un bonobo. El aspecto de los póngidos creó gran confusión: ¡algunos científicos creían que eran el legendario pueblo pigmeo de África!

JUEGO DE NIÑOS
Los bonobos son muy afectuosos. A menudo se calman mediante el sexo o el contacto físico durante una situación tensa o de nerviosismo como el hallazgo de comida o el encuentro con otro grupo. Incluso los más jóvenes, como éstos, muestran esa conducta.

GIMNASIA EN LA SELVA
Una rama o fronda de palma elásticas son muy útiles para que un joven bonobo se inicie en la escalada. Un adulto puede unirse al juego, a veces con bastante rudeza. Los bonobos no pesan mucho menos que los chimpancés: los machos unos 45 kg y las hembras unos 33 kg. Pero son muy flexibles y pasan mucho más tiempo en los árboles que el chimpancé común.

Mitos sobre monos

DURANTE MILES DE AÑOS se han contado historias sobre monos. En innumerables cuentos populares han aparecido como héroes o villanos e incluso asumen un papel en alguna religión. En relieves medievales de las iglesias han servido para representar al diablo, pero las mitologías budista e hindú les considera sabios y valientes. El Antiguo Egipto adoraba al papión hamadrias (p. 26), que consideraba sagrado y animaba a los papiones a vivir en los templos y embalsamaba sus cuerpos al morir. En la India, donde se reverencia a los monos quizá más que en ningun otro lugar del mundo, el langur común o hanumán *(Presbytis entellus)* aún se considera sagrado. Se les permite merodear por pueblos y ciudades e incluso caer sobre los cultivos sin ser expulsados y castigados.

TRÍO MAESTRO
Quizá los tres monos sabios japoneses sean más famosos: "no oír el mal", "no ver el mal" y "no hablar el mal". Inspirados en el macaco japonés (p. 29), se emplearon para enseñar la doctrina budista.

ACTITUD NOBLE
Con su impresionante manto gris y actitud majestuosa, el papión macho disfruta de su posición sagrada. Los dioses egipcios se representaban junto a papiones sagrados, sentados en la misma actitud de dignidad.

Cráneos de orangután con relieves usados en funerales

MONO HERÓICO
"El mono" es el héroe de una famosa novela china de la dinastía Ming (1368-1580). Acompañaba a un monje, Hsuan Tsang, y a otros dos animales, Pigsy y Sandy, en un viaje épico de 17 años. Se decía que el mono había salido de un huevo de piedra, pero este mono chino está esculpido en jade.

CRÁNEO SAGRADO
El pueblo Dayak adorava los orangutanes (pp. 38-41) creyéndoles espíritus de sus antepasados.

LA ROCA DE LOS MONOS
Cuando los británicos llegaron a Gibraltar, al sur de España, en 1704, adoptaron como mascotas de la suerte a una manada de macacos de Berbería *(Macaca sylvanus)* que se habían establecido allí. Se cuenta que los monos avisaron a la guarnición de una invasión española y por eso llegaron a simbolizar el poder de Gran Bretaña.
Durante la segunda guerra mundial, cuando Gibraltar adquirió importancia estratégica, el primer ministro británico Winston Churchill (1874-1965) ordenó repoblarlo con más monos para asegurar la permanencia de Gibraltar en manos británicas. Los macacos descendientes aún viven allí.

MISTERIOSO YETI

En 1899 un oficial británico del Himalaya informó el descubrimiento de unas huellas de un "raro hombre salvaje y peludo que se cree que vive en las nieves perpetuas". Esto disparó la fascinación por el yeti, o "el abominable hombre de las nieves" como le llamó la prensa. En sitios remotos de norteamérica huellas misteriosas parecidas se atribuyen a "gran pie". Si alguna vez se encuentra alguna evidencia de la existencia de tal criatura, es dudoso que se parezca a este monstruo fantástico.

PIECECITO

En la selva de Sumatra, los zoólogos encontraron huellas de primates de significado confuso. Parecen pertenecer a un ser parecido a un póngido bípedo. Para los nativos no hay ningún misterio: hablan de un "orang pendek" o "persona bajita". Este primate desconocido se ha descrito como un animal con aspecto de gorila, pequeño y grácil de pelo dorado que no supera el 1,2 m de altura.

Modelo en yeso de huella de "orang pendek" realizado en 1994

BONDADOSO DIOS MONO

Los hindúes creen que el dios mono Hanuman, mostrado en este bronce del siglo XVIII del sur de la India, es el antepasado de todos los monos. Según la leyenda, Hanuman y sus seguidores monos ayudaron al dios Rama a rescatar a su mujer Sita de la isla de Sri Lanka construyendo una calzada con rocas traídas del Himalaya.

Hanuman tiene rasgos de mono y cuerpo humano

QUEMARSE LOS DEDOS

El aire que rodea el templo de Benarés en India resuena con chillidos de sus más famosos inquilinos: cientos de langures hanumanes sagrados. Una leyenda hindú cuenta cómo se volvieron negras su cara y sus manos. Un langur fue sorprendido robando mangos del jardín de un gigante en Sri Lanka para darlos a los bengalíes. Como castigo, el gigante incendió su cola pero el valiente langur sobrevivió a ello. Sólo se quemaron su cara y sus manos, y sus descendientes aún conservan esas marcas.

Humanos y primates

LOS ANTROPOMORFOS, MONOS Y HUMANOS han tenido a menudo una relación difícil. Los humanos han tratado a sus parientes simios como juguetes o curiosidades y así es aún en algunos sitios del mundo. Pero gracias al trabajo de científicos y organizaciones, la actitud frente a los primates va cambiando lentamente. Muchos países reducen la exportación de primates para mascotas y se han creado reservas especiales para el cuidado de los pequeños huérfanos. La mayor parte de los zoológicos buenos alberga a los primates en zonas espaciosas y arboladas permitiendo a los humanos observar una familia de gorilas o una manada de monos casi en su medio natural y los centros de investigación de primates ayudan también a ampliar lo que sabemos sobre nuestros parientes más cercanos.

UNA PARTE DE LA FAMILIA
Los monos han vivido junto a los humanos durante siglos. Esta familia parece tener dos mascotas, un perro y un mono.

MUÑECO VIVIENTE
Durante el siglo XVIII, los monos y titís (pp. 14-15) vestidos como personas en miniatura se pusieron de moda entre la aristocracia en Europa y América. Debido a lo poco que sabían acerca de las necesidades de los monos, éstos solían morir antes de alcanzar la madurez. A pesar de ello, los monos eran tan queridos que después de morir sus apenados dueños los embalsamaban y exhibían en casa.

ORGANILLEROS
Incluso a principios del siglo XX, los monos resultaban tan curiosos que la gente hacía corro para verlos. Los organillos callejeros eran muy comunes en muchas ciudades europeas y, para atraer a la muchedumbre, los organilleros empleaban monos vestidos para pasar el sombrero.

Los científicos pasan muchas horas en el bosque recogiendo datos

Los gorilas de montaña se han acostumbrado a ser observados

GORILAS PROTEGIDOS
El trabajo de la Dra. Dian Fossey (p. 46) se ha continuado desde su muerte en 1985 por otros científicos. Con las técnicas que ella desarrolló, como ponerse en cuclillas y hacer sonidos tranquilizadores, continuaron el estudio y protección de los 650 gorilas que quedan. Grupitos de turistas pueden ahora disfrutar viendo gorilas en Zaire y Uganda. Además, las visitas a los parques y los hoteles suponen ingresos y trabajo para los nativos, contribuyendo al desarrollo de la región. Programas parecidos son importantes también ahora en la conservación de chimpancés y orangutanes.

EL PRIMER MONO EN EL ESPACIO

Debido a su parecido con nosotros, antropomorfos y monos se han empleado a menudo en experimentos científicos. En enero de 1961, un chimpancé de tres años llamado Ham se introdujo en una cápsula espacial para un vuelo espacial de 16 minutos. Fue controlado durante todo el viaje por una cámara, y sus reacciones atentamente observadas desde tierra. Ham sobrevivió a su viaje a 8.045 kph y disfrutó de fama inmediata. Su viaje, y el de muchos otros chimpancés, abrió el camino a los primeros viajes espaciales tripulados por humanos.

SANTUARIO

Un amor equivocado hacia los cachorros amenaza la propia supervivencia de los monos. Muchos se arrancan ilegalmente de su medio natural para venderlos como mascotas, a menudo después de haber matado a sus madres. Los que se consiguen rescatar se llevan a reservas protegidas como ésta en África. Estos chimpancés huérfanos aprenden cómo se comportan chimpancés salvajes de su profesor humano.

RECOLECTOR DE COCOS

En Sumatra, los nativos entrenan macacos (p. 29) cola de cerdo para recolectar cocos. Los fuertes y ágiles macacos trepan por los esbeltos troncos de las palmeras y arrancan los cocos maduros de la copa; luego los tiran al suelo donde aguardan sus compañeros humanos. Los nativos pueden también subir a las palmeras, pero los macacos trepan mucho mejor.

FAMILIA ADOPTIVA

En el Centro Regional de Investigación de Primates de Yerkes, Georgia (Estados Unidos) se crían muchos chimpancés en cautividad. Aunque los cachorros tienen necesidades similares a los niños humanos, no deben críarse como tales ya que deben aprender a vivir en una sociedad de chimpancés. Estudiando atentamente y luego copiando la conducta de una madre chimpancé, el personal del Centro de Yerkes aprende a críar chimpancés huérfanos como lo habrían hecho sus madres chimpancés.

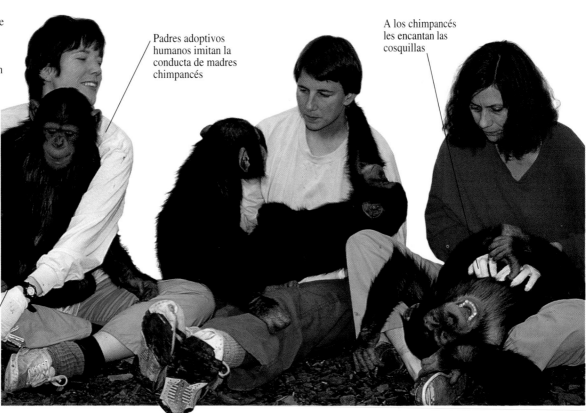

Padres adoptivos humanos imitan la conducta de madres chimpancés

A los chimpancés les encantan las cosquillas

Un cachorro chimpancé necesita tanto cuidado y atención como un bebé humano

Texto a la izquierda (leyenda del machete):

Machete ruandés, o umuhuru, usado por furtivos y guardabosques para abrir sendas en la selva

Primates en peligro

La PÉRDIDA DE HÁBITAT es la única amenaza importante de los primates. El continuo crecimiento de la población humana conlleva la tala de zonas más grandes de selva para madera de construcción o para tierras de labranza. Además de la destrucción de sus hogares, los primates también sufren la amenaza de cazadores. Se les mata por la carne y la piel y se captura a los cachorros para investigaciones médicas o para venderlos como mascotas; así algunas especies están al borde de la extinción. Muchos países han aprobado leyes prohibiendo la caza de primates amenazados y creado parques nacionales para conservar lo que queda de su hábitat. Para algunos primates, la cría en cautividad aumenta sus posibilidades de supervivencia. Un número cada vez mayor de zoológicos crían primates con la esperanza de devolverlos a sus lugares de origen.

TROFEO DE CAZADOR
Los escritos del cazador americano Paul du Chaillu (1835-93) sobre la caza de gorilas en 1860 causaron sensación. Su descripción de los grandes gorilas africanos animó a otros a perseguir tan preciado trofeo.

Punta de flecha trabajada probablemente a partir de restos metálicos

Punta de metal al final de la lanza para equilibrar la cabeza de la lanza

GORILAS EN LOS BANCOS
El turismo de gorilas en Ruanda tuvo tanto éxito que el gobierno puso gorilas en sus billetes de banco como señal de su valor.

Mango de madera

TESORO NACIONAL
Los reyes, reinas, presidentes y generales han aparecido en billetes de banco, pero Mahashe (arriba) es el único gorila hasta ahora. Este impresionante lomo plateado es el jefe de una familia en el Parque Nacional de Kahuzi-Biega en Zaire, donde fue famoso por su tamaño, fuerza y actitud cordial.

EL EQUIPO DE FURTIVO
Los cazadores que no respetan los límites de los parques nacionales y siguen matando especies amenazadas se llaman furtivos. Algunos furtivos usan escopetas, rifles e incluso armas automáticas para matar las presas. Otros siguen prácticas tradicionales con lanzas y flechas como éstas hechas por ellos mismos.

UNA SEGUNDA OPORTUNIDAD
Los furtivos disparan a menudo a orangutanas madre para vender los cachorros como mascotas. Los pequeños rescatados se envían a centros especiales donde se cuidan hasta que pueden vivir por sí mismos en la selva. Se enseña a los orangutanes a valerse por sí solos en la selva, pero puestos con comida como éste suministran alimento a los recién llegados a la selva mientras lo necesitan.

UN TEMA CANDENTE
La mayor amenaza de los primates es la pérdida de selva. Desde los años cuarenta, más de la mitad de las pluvisilvas tropicales mundiales se han destruído por acción humana. Se talan árboles por la madera o para construír ranchos ganaderos, granjas y cultivos. Una vez que los árboles grandes desaparecen, los matorrales y las ramas cortadas se queman. Muchos animales mueren en las llamas o son disparados cuando huyen de ellas. El desarrollo de técnicas de cultivo que necesiten menos tierra es vital para la supervivencia de las pluvisilvas mundiales y los animales que viven en ellas.

Nudo corredizo permite al lazo apretarse

Pieza de madera que impide el disparo al poner la trampa

ALAMBRE MORTAL
Los furtivos usan esta clase de trampa para capturar gacelas, pero los gorilas jóvenes también pueden caer en su mortífero lazo.

Lazo de alambre

POLICÍA DE LA NATURALEZA
Muchos parques nacionales tienen patrullas especiales antifurtivos como ésta en los Volcanes Virunga, Ruanda. Las patrullas destruyen las trampas de furtivos y a veces detienen a los propios furtivos.

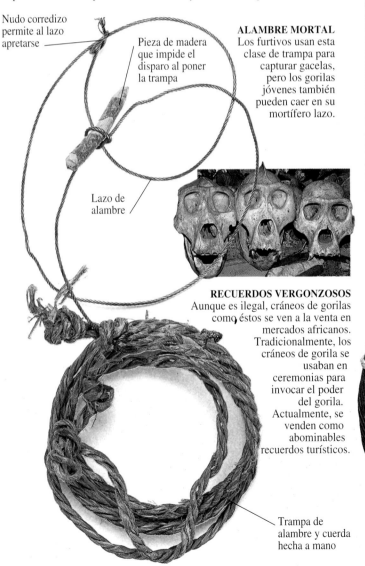

RECUERDOS VERGONZOSOS
Aunque es ilegal, cráneos de gorilas como éstos se ven a la venta en mercados africanos. Tradicionalmente, los cráneos de gorila se usaban en ceremonias para invocar el poder del gorila. Actualmente, se venden como abominables recuerdos turísticos.

Trampa de alambre y cuerda hecha a mano

PELIGRO OCULTO
Escondida bajo el suelo, la trampa del furtivo es una seria amenaza para los póngidos. Aunque no son los objetivos frecuentes de los furtivos, los gorilas se cazan aún ilegalmente en algunos países africanos para carne o por sus manos, pies y cráneos que se venden para hechizos o a los turistas.

Lazo de alambre grande suficientemente fuerte para atrapar hasta a un gorila lomo plateado

Índice

A

Abominable hombre de las nieves, 59
almohadillas de asiento, ver callosidades isquémicas
Alouetta seniculus, 18
anaconda, 16
anguantibo, 12
antropomorfos, 6, 8-9, 30-31, 36-37
antropomorfos inferiores, 30-31
antropomorfos superiores, 8-9, 36-57
Aotus trivirgatus, 16
Arctocebus calabarensis, 12
aseo mutuo, 27, 33, 39, 53
Ateles geoffroyi, 18
Ateles paniscus, 19
aye-aye, 10, 11

B

Beeckman, Daniel, 58
boa constrictora, 16
bonobo, 33, 36, 56-57
Brachyteles arachnoides, 18
braquiación, 30-31

C

Callicebus torquatus, 17
Callithrix argentata, 15
Callithrix humeralifer, 14
Callithrix jacchus, 15
callosidades ísquémicas, 22, 27, 28, 30, 32
capuchino, 16, 17, 20-21
capuchino de cara blanca, 20
capuchino pardo, 17, 20-21
cazadores furtivos, 62-63
Cebuella pygmaea, 15
Cebus apella, 20
Cebus capucinus, 20
cercopiteco mona, 23, 24, 25
cercopitecos, 22, 23, 25
Cercopitécidos, 22
Cercopithecus aethiops, 25, 26
Cercopithecus mona, 23
Cercopithecus neglectus, 25
cerebro, 6, 8, 36, 50
Cerocebus aterrimus, 24
Cerocebus galeritus, 24
chimpancé, 9, 36, 37, 50-55, 56
chimpancé cachorros, 51, 61
chimpancé comida, 51, 52, 53
chimpancé comunicación, 32
chimpancé comunidades, 55, 52-53
chimpancé defensas, 34, 42, 43
chimpancé inteligencia, 37, 50
chimpancé manos y pies, 7, 54
chimpancé nidos, 51
chimpancé pigmeo o bonobo, 56
chimpancé uso de herramientas, 54-55
Chiropotes satanas, 16
Churchill, Winston, 58
cocos, recolectores de, 29, 61
colas, 16, 18
colobo blanquinegro, 24
colobos, 22, 24, 53
Colobus guereza, 24
comunicación, 32-33, 34, 36, 50
cráneo, 6, 43, 50, 63

D

Darwin, Charles, 8
Daubentonia madagascariensis, 11
Dayak, pueblo, 58
defensas, 34-35
deforestación, 63
dientes, 11
du Chaillu, Paul, 50, 62
durion, 41

E

embarazo, 48-49
Erythrocebus patas, 26
esqueleto, 8-9
evolución, 8-9

F

Fossey, Dr. Dian, 46, 60
fruta de la pasión, 19

G

Galago crassicaudatus, 13
Galago senegalensis, 13
gálago, 6, 10, 12-13
gálago de cola gruesa, 13
gálago menor, 13
genes, 9
gestación, 48
gibones, 30-31, 32, 51
gibón lar, 31
gorila, 8, 36, 42-49
gorila cachorros, 48-49
gorila caza furtiva , 62-63
gorila comida, 42, 44, 45, 47
gorila comunicación, 32, 33, 37
gorila de llanura, 42, 44-45
gorila de montaña, 42, 46-47, 60
gorila defensas, 34, 42, 43
gorila golpes de pecho, 43
gorila inteligencia, 36-37
gorila lomo plateado, 6, 34, 42-43, 44, 45, 47
gorila nidos, 44, 45, 47
gorila turismo y, 60, 62
gorila vida familiar, 44-45, 46
Gorilla gorilla, 8
Gorilla gorilla beringei, 46
Gorilla gorilla gorilla, 44
gran pie ", 59
guereza, 24

H

Ham, 61
Hanuman, 59
Hapalemur, 10
herramientas, uso de, 21, 36, 50, 54-55
hominoideos, 8-9
homínidos, 8
Homo sapiens sapiens, 8
humanos, 6, 7, 8-9, 50, 60-61
Hylobates lar, 31
Hylobates syndactylus, 30

I

indri, 11
Indri indri, 11
inteligencia, 6, 36-37, 50, 56

K

Kanzi, 36
King Kong, 42

L

Lagothrix flavicauda, 19
langur de anteojos, 23
langur dorado, 23
langur hanuman, 58
langur plateado, 25
langures, 23, 24, 58, 59
langures, 22, 25
Lemur catta, 10, 33
lemur de cola anillada, 10, 11, 33
lemur de cola anillada blanquinegro, 6, 1
lemur mangosta, 10
lemur manso, 10
Lemur mongoz, 10
lemur ratón, 6, 10
lemures, 6, 10-11, 33
lenguaje, 36, 37
Leontopithecus rosalia, 14
leopardos, 35, 42
loris grácil, 12
Loris tardigradus, 12
lorísidos, 10, 12-13

M

Macaca fascicularis, 33
Macaca fuscata, 29
Macaca nemestrina, 29
Macaca nigra, 29
Macaca radiata, 28
Macaca silenus, 28
macaco cangrejero, 33
macaco cola de cerdo, 29
macaco coronado, 28
macaco crestado de Sulawesi, 29, 32
macaco de berbería, 58
macaco japonés, 29, 58
macaco león, 22, 28
macacos, 22, 24, 28-29, 32, 33, 34, 53, 58
Madrillus sphinx, 32
mandril, 32
mangabey de cresta negra, 24
mangabey de vientre dorado, 24
mangabeys, 22, 24
mangostanes, 40
manos, 6-7
marcha, 9, 24
Microcebus murinus, 10
miriquiná, 16
mitos, 58-59
Mono (héroe chino), 58
mono araña, 16, 18-19
mono araña de manos negras, 18
mono araña negro, 19
mono ardilla, 16, 17
mono aullador, 16, 18
mono aullador rojo, 18
mono buho, 16
mono De Brazza, 25
mono narigudo, 23
mono patas, 26
monos, 6
monos comunicación, 32-33
monos defensas, 34-35
monos del Nuevo Mundo, 16-21
monos del Viejo Mundo, 16, 22-27
monos lanudos, 16, 18, 19
monos mascota, 60

N

narinas, 6, 23
Nasalis larvatus, 23
nudillos, andar sobre, 9
nueces, cascar, 21, 55
Nuevo Mundo, monos del, 16-21

O

ojos, 6, 13, 50
olfato, sentido del, 6, 11, 33
orang pendek, 59
orangután, 7, 8, 36, 37, 38-41, 58, 60, 63

P

Pan paniscus, 9, 56
Pan troglodytes, 9
Pan troglodytes schweinfurthii, 50
Pan troglodytes verus, 50
Papio anubis, 27
Papio hamadryas, 27
papiones, 22, 26-27, 32, 58
papión oliva, 22, 27
papión sagrado, 26, 27, 58
pareja, 25
Perodicticus potto, 12, 34
Pongo pygmaeus, 8
Pongo pygmaeus abelii, 39
Pongo pygmaeus pygmaeus, 39
poto, 10, 12, 34
prensiles, colas, 16, 18-19
Presbytis cristata, 25
Presbytis entellus, 58
Presbytis geei, 23
Presbytis obscura, 23
primates amenazados, 62-63
primates nocturnos, 12-13
primates primitivos, 6, 10-11
primates, definición, 6
prosimios, 10, 32
pulgar oponible, 7, 8

R

rambután, 40
reservas naturales, 61

S

sabanas, 26-27
Saguinus fuscicollis, 14
Saguinus midas, 14
Saguinus oedipus, 14
sahuí, 16, 17
sahuí de manos blancas, 17
Saimiri sciureus, 17
saqui, 16
saqui barbinegro, 16
serpientes, 16
siamang, 30

T

tacto, sentido del, 33
tamarino algodonoso, 14
tamarino de manos rojas, 14
tamarino emperador, 14
tamarino león dorado, 14
tamarino marrón, 14
tamarinos, 14
tarsero espectral, 12
Tarsius spectrum, 12
társidos, 6, 10, 12
termitas, 55
tití de collar sedoso, 14
tití pigmeo, 15
tití plateado, 15
titís, 14-15, 60
tota, 25
trampa en lazo, 63
tratratratra, 11
Tupaia, 9
tupaya, 9, 10

U

uacari, 16
uacari calvo, 16

V

Varecia variegata, 10
vervet, 25, 26, 35
Viejo Mundo, monos del, 16, 22-27
visión, 6
Volcanes Virunga, 46, 63

Y

yeti, 59

Z

zoológicos, 60, 62

Agradecimientos

Dorling Kindersley desea expresar su agradecimiento a:

El personal del Parque de Animales Salvajes Howletts de Kent (Gran Bretaña), en particular a Annabel Marriot, Peter Halliday, Craig Gilchrist y Phil Ridges; la Sociedad Zoológica North of England y al personal del Zoológico de Chester, en particular a Nick Ellerton, Ross Meredith, Mark Roberts y Dave Brunger; Penny Boyd de la Reserva Natural de Burstow en Sussex (Gran Bretaña); Derick Bowser del Parque de Lakeside de Lincolnshire (Gran Bretaña); Dr. Lesley Aiello y Rosina Down del Colegio Universitario London; Prof. Biruté Galdikas y Ashley Leiman de la Fundación del Orangután en Londres (Gran Bretaña); la Fundación del gorila Dian Fossey de Londres (Gran Bretaña); Debbie Martyr por permitirnos fotografiar sus moldes de la huella de un orang pendek; Helena Spiteri por su ayuda en la edición; Ivan Finnegan, Mark Haygarth y Joe Hoyle por su ayuda en el diseño.

Fotografía adicional de Geoff Dann (14sd,20iiz,30sd); Philip Dowell (18-19c); Dave King (13c); Jerry Young (14iiz; 25i, 34siz, 35siz,sd)

Modelo de John Holmes (48-49c)

Ilustraciones de John Woodcock (12c, 31c)

Mapas de Mark Haygarth (16siz; 22siz)

Cubiertas de Jason Lewis

Iconografía:
s = superior; i = inferior, iz = izquierda, d = derecha, a = arriba

Créditos de ilustraciones:
K.Ammann: 35iiz, 37iiz, 50sd, 50iiz, 51c, 53id, 56ciz.
Ancient Art&Architecture Collection: 58siz, 58sd, 60sd.
Bridgeman Art Library/Christie's, Londres 58cd.
British Museum, Londres: 59id.
Bruce Coleman Ltd: J&D. Bartlett 23iiz; J. Cancalosi 45sd, 48sd; B.J. Coates 35sc; A. Compost 12iiz, 40 c, 41siz, 41c; C. Cubitt 28siz, 33 siz; S. Kaufman 29sd; F. Lantzing 16 ciz; W.Layer 27 iiz; L.C. Marigo 21siz; M. McKavett 59iiz; D.&M. Plage 46sd, 51i; H. Reinhard 24id; R. williams 9siz, 14siz, 14id, 15c, 15id, 24iiz; K. Wothe 6ciz, 9ciz, 11id, 18-19, 20ciz, 33sd; C. Ziesler 14ciz; C. Zuber 7id.
Colorific!:J. Balog 55sc; c 94 Ferorelli 32siz, 32ciz, 32iiz, 53sc, 61i; GLMR/G. Hobbs 61c.
Gerald Cubitt: 31siz, 61siz.
Gerry Ellis Nature Photography: 30iiz, 30ic, 30id, 31iiz, 55sd.
E.T. Archive: 60siz.
Mary Evans Picture Library: 8siz, 34sd, 59siz.
F.L.P.A.: 31ca; M.Newman 56d; Silvestris 12sd, 54iiz; M.B.Withers 22iiz.
Ronald Grant Archive/Turner Entertainment Co.: 42sd.
Hulton Deutsch Collection Ltd.: 60cd.
Image Select/Ann Ronan: 38iiz, 57c.
Language Research Center, Georgia State University (USA): 36i, 36id.
N.H.P.A./M. Harvey: 47c.
Oxford Scientific Films Ltd.: M. Birkhead 52iiz, 54ciz; N. Bromhall 54c, 54-55; D. Cayless 53siz; M. Colbeck 17id, 23c; R. Cousins 16ic; D.J. Cox 27ciz, 29siz; P. Devries 23id; M. Fogden 19c; D.J. Fox 27ciz; S. Osolinski 35id; R. Packwood 27siz; Partridge Film/J. Clare 16id; Partridge Films/C. Farneti 13 sd; M. Pidgeon 11ciz; Photo Researchers Inc./Fletcher&Baylis 25siz; A. Plumpetre 42ciz, 46iiz; 46cd; Schneidermeyer 50cda; S. Turner 26sd; 42siz, 53cd; C. Tyler 63siz K. Wothe 41sd; 40-41
Planet Earth Pictures: K.&K.Ammann 58ciz, 63c; A. Mounter 58iiz.
Ian Redmond: 38sd, 47sd, 46-47, 53ciz, 60i, 63cd.
Science Photo Library/NASA: 61sd.
Survival Anglia Ltd.: D. Plage 63sd; A. Root 17iiz; R. Smithers 51siz.
The Wildlife Collection: J. Giustina 10ic, 18ciz, 19d, 31d, 33id, 51sd, 55siz, 57siz, 57ciz, 57sd; T. Laman 52siz; J. Swenson 19sc.
ZEFA: Minden/F. Lantzing 57iiz, 57cd; Photo Researchers Inc. 54 sd.

No se han escatimado esfuerzos para localizar a los titulares de los derechos de autor de las fotografías y nos disculpamos de las omisiones que se hayan producido.

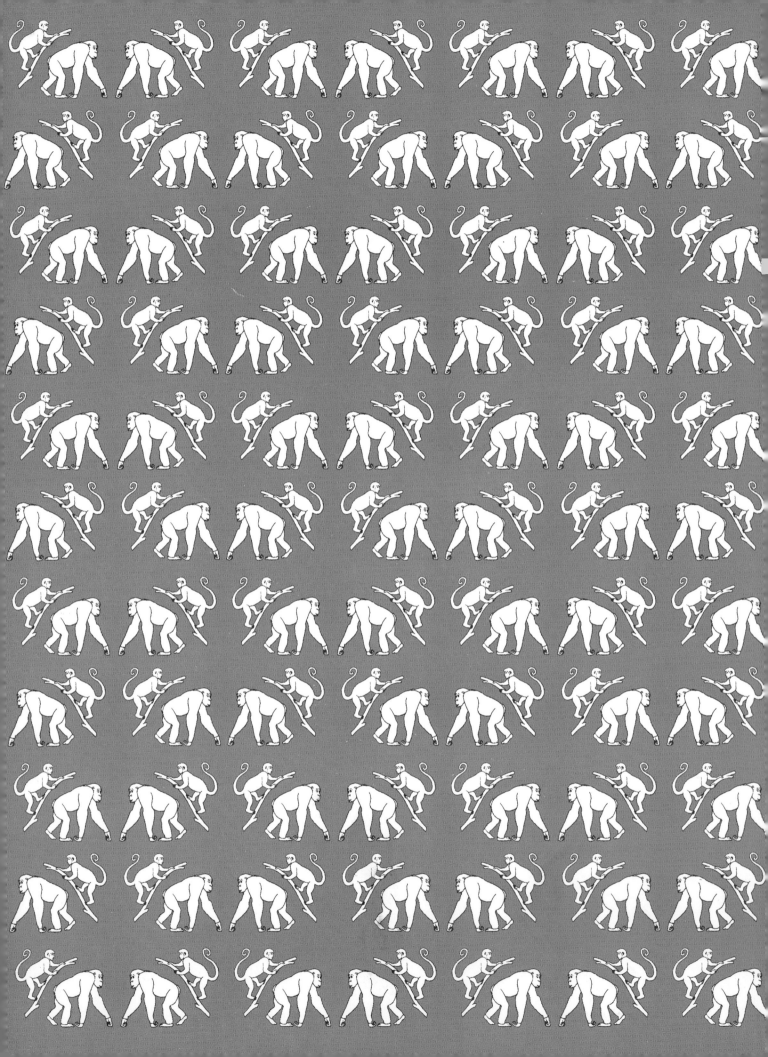